인공지능, 빅데이터, 사물인터넷 등 화려하고 신기한 기술이 하루가 멀다하고 새로운 모습으로 다가온다. 스마트폰으로 사고하며 살아가는 포노 사피엔스 세대가 등장하고, 이젠 신의 자리에 오른 인간의 호모 데우스 시대가 열린 것 같다. 그러나 세상의 다른 한편에선 여전히 생존의 문제로 괴로워하는 이웃이 존재한다. 인류가 눈부시게 발전하는 듯 보여도 인간의 자기 중심성은 변함없어 인류와 개인을 괴롭히는 해묵은 문제들은 사라질 기미가 없다. 이러한 세상을 살아가는 우리에게 수천 년 전의 야곱 이야기는 속을 들킨 부끄러움과 변화의 가능성에 대한 소망을 일깨운다. 성실한 설교자인 저자는 이 수천 년 전의 이야기를 오늘의 이야기로 들려준다. 세상 속에서 하나님을 따르며 살려는 이들이 결국은 넘어서야 할 야곱의 모습뿐 아니라, 그 가운데 찾아오시는 변함없는 하나님의 사랑을 매우 실제적으로 보여 준다. 억척같고 약삭빠르게 살 수밖에 없는 오늘날의 모든 야곱들에게 이 책을 선사한다.

김형국 하나복DNA네트워크 대표 목사, 『도시의 하나님나라』 저자

나는, 우리는, 한국인은 아무리 봐도 야곱 DNA를 타고 났다. 야곱의 생애는 우리 모두의 이야기인 동시에 하나님의 애끓는 사랑 이야기이기에 언제나 새롭게 읽히고 쓰여야 한다. 저자는 성경을 굳게 붙잡을 뿐 아니라 야곱에 관한 한 "내 책 한 권이면 족하다"고 생각했던 나의 발꿈치도 붙잡고 늘어지는 참으로 '야곱스러운' 저자다. 야곱에 관한 내 책과 쌍벽을 이루며 쌍둥이가 되는 이 책을 꽉 붙잡으라. 야곱의 신실하신 하나님을 만나게 되리라 확신한다.

김기현 로고스교회 담임목사, 『모든 사람을 위한 성경 묵상법』 저자

성경은 보통 한 사람의 생애를 자세히 그리지 않는다. 그러나 예외가 있으니 야곱이 바로 그 주인공이다. 그가 하나님의 부름을 받는 마지막 순간에 "나의 날 때부터 지금까지 나를 기르신 하나님"이라고 고백했던 것처럼, 창세기는 그의 전생애를 비교적 자세하게 기록하고 있다. 그의 전생애에 신자의 마음에 새겨야 할 하나님의 메시지가 담겨 있어 그런 것이 아닐까? 저

자는 야곱의 생애를 추적하면서 그의 생애가 복음과 어떤 연결점을 지니고 있는지, 하나님께서 성도의 생애에 무엇을 담기 원하시는지를 풀어 낸다. 이 책을 읽는 이들마다 하늘의 신령한 은혜를 맛보는 체험이 있으리라 확신한다. 읽고 또 읽어 복음과 인생에 대한 귀한 통찰을 얻기 바란다.
김관성 행신침례교회 담임목사, 『본질이 이긴다』 저자

'사람의 변화'를 돕는 상담자로 살아가면서 한 사람이 변한다는 게 얼마나 어려운지를 늘 절감한다. 섬광처럼 빛나는 깨달음의 순간이 있지만, 결정적인 때 도돌이표처럼 제자리를 맴도는 자신을 발견하기 때문이다. 야곱의 인생 이야기 속에서 사람의 변화는 극적인 드라마가 아니라 길고 지루한 점진적 과정이라는 진실을 마주하게 된다. 심지어 하나님께서 점찍은 사람일지라도 말이다. 저자의 맛깔스런 내러티브를 읽다 보면 하나님께 점찍힌 야곱이 바로 나라는 고백을 하지 않을 수 없다. 이 고집스런 인생을 붙들고 오랜 세월 씨름해 주시는 그분께 민망한 감사의 고백도 함께 드리면서 말이다.
한영주 한국상담대학원대학교 상담학 교수

저자는 탁월한 감각의 대중설교자다. 여기에 이견이 있을 수 없다. 특히 내러티브 전개 능력은 내가 즐겨 듣는 여러 설교자 중에서도 단연 탁월하다. 본문의 의미를 충실하게 설명함으로 이해를 확보하고, 지루해질 틈을 절대 허용하지 않으며 적용을 해낸다. 어려운 개념이 등장할라 치면 적실한 예화로 이해를 돕고, 적용이 애매해 보이는 가르침도 적절한 이야기를 통해 마음에 와닿게 만든다. 그러한 그의 설교가 '음성 지원'이 될 정도로 지면에 그대로 담겼다. 저자는 야곱의 인생을 충실히 그려 내며 우리 자신의 모습을 돌아보게 하고, 그 가운데 역사하시는 주권적인, 그리고 사랑이신 하나님을 감동적으로 설명하여 예배하는 마음을 불러일으킨다. 이 책을 읽다 보면 분명 그의 설교를 직접 듣고 싶은 유혹을 뿌리치지 못할 것이다.
이정규 시광교회 담임목사, 『회개를 사랑할 수 있을까?』 저자

끝까지 찾아오시는 하나님

끝까지 찾아오시는 하나님

초판 1쇄 발행 • 2020년 6월 10일
초판 2쇄 발행 • 2022년 12월 10일

지은이 • 조영민
펴낸이 • 신은철
펴낸곳 • 좋은씨앗
출판등록 • 제4-385호(1999. 12. 21)
주소 • 서울시 서초구 바우뫼로 156, 402호
영업부 • TEL (02)2057-3041 FAX (02)2057-3042
대표메일 • good-seed21@hanmail.net
페이스북 • www.facebook.com/goodseedbook

ISBN 978-89-5874-338-5 03230

ⓒ 조영민 2020

이 책의 저작권은 저자 및 저자와 독점계약한 도서출판 좋은씨앗에 있습니다.
저작권법에 의하여 보호받는 저작물이므로 무단 전재와 무단 복제를 금합니다.

끝까지 찾아오시는 하나님

신실하지 않은 우리 삶에 찾아오시는 신실하신 하나님 묵상하기

조영민 지음

좋은씨앗

CONTENTS

들어가는 글
포기하지 않는 하나님의 사랑 • 8

1; 우리를 부르신 그 사랑

1. 기울어진 운동장(창 25:19-26) • 15
2. 팥죽이냐 장자권이냐(창 25:24-34) • 36
3. 속이려는 자와 속지 않으려는 자(창 27:18-29) • 53
4. 끊을 수 없으리라(창 28:1-22) • 74

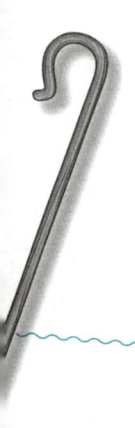

2. 먼길을 돌고 돌아서 가다

5. 잃어버린 시간, 잊어버린 약속(창 29:1-30) • 101
6. 반칙왕 & 신실왕(창 30:1-24) • 124
7. 뛰는 놈 위에 나는 놈, 그 위에(창 30:25-43) • 150
8. 그때, 그 자리(창 32:1-32) • 170
9. 아직도 가야 할 길(창 33:1-20) • 191
10. 동상이몽, 그럼에도(창 34:1-31) • 212

3. 일어나 참된 예배 속으로

11. 벧엘로 올라가라(창 35:1-8) • 235
12. 벧엘로 올라가면(창 35:1-7) • 254

함께 읽으면 좋은 책 • 271

들어가는 글

포기하지 않는 하나님의 사랑

어릴 적 창세기에서 만난 야곱은 "이 사람 뭐지? 왜 야곱 이야기가 성경에 있지?"라는 의문이 드는 인물이었습니다. 창세기의 다른 족장들과는 확실히 달라 보였습니다. 아브라함처럼 하나님께서 주신 약속에 반응하여 위대한 모험을 하는 것 같지도 않고, 이삭처럼 순종의 본이 되지도 못합니다. 요셉처럼 시련을 통과하여 구원자가 되는 인생 역전의 감동 스토리도 없습니다.

태어나고, 자라고, 형제간에 불화하고, 거짓말하고, 아버지를 속이고, 결혼하고, 속임수 싸움을 통해 고향에 겨우 돌아오고, 형과 화해하고, 사고뭉치 자식들 때문에 힘들어하다가 그중 성공한 아들에게 노년을 의탁하고, 이국땅에서 죽습니다. 그 개인사 가운데 하나님의 개입이 종종 있긴 하지만, 굳이 그 개인사를 '내가 알아야 할 이유가 있나?' 하는 생각이 들었습니다.

그 후로 시간이 많이 지나 성경과 세상에 대한 저의 이해가 조금 더 커졌고 묵상이 쌓였습니다. 성경을 더 배우기도 했지만 사람에 대한 이해가 깊어진 부분도 있습니다. 어느 순간부턴가 야곱의 이야기가 이전과 다르게 읽히기 시작했습니다. 창세기의 족장들은 저마다 독특한 특징이 있습니다. 그중 한 명인 야곱도 한 가지 특징으로 정리할 수 있습니다. 이 책 전체를 통해 하나하나 드러날 '야곱스러움'입니다.

히브리어 '야곱'은 '발꿈치'라는 뜻입니다. 쌍둥이 형제에게 형 자리를 내어 주기 싫어 먼저 나가는 에서의 발꿈치를 꽉 붙들고 태어나 주어진 이름입니다. '야곱'은 상대방을 속여 승리를 얻는 부정한 씨름 기술의 이름이기도 합니다. 야곱의 평생은 이름값 하는 것으로 요약됩니다. 그는 한시도 쉬지 않고 경쟁합니다. 경쟁에서 이기기 위해서라면 어떤 방법이든 동원합니다. 경쟁에서 이겨도 만족할 줄 모릅니다. 똑똑한 듯하나 손에 아무것도 쥐지 못하고, 무언가를 쥐어 보겠다고 쉼없이 자기를 채찍질하고 주변 사람을 힘들게 하는 인생, 그것이 야곱의 모습입니다. 저는 이런 야곱에게서 인정하고 싶지 않던 제 모습을 보았습니다.

그렇게 야곱을 보고 나니 이전엔 보지 못했던 이야기가 새로이 눈에 들어왔습니다. 야곱의 인생 가운데서 끊임없이 일하고 계시는 우리 하나님의 이야기입니다. 그분은 야곱이 태어나기도 전에 야곱을 사랑하기로 계획하셨습니다. 야곱이 걸어가는 모든 인생사 속에 함께하십니다. 결정적인 순간마다 개입하십니다. 그분은 절대 야곱을 포기하지 않으십니다. 꽤 오랜 시간이 걸리기는 했지만, 결국 야곱을 '하나님과 겨루어 이긴 자'라는 영광스러운 이름 '이스라엘'로 바꿔 놓으십니다. 포기하지 않는 하나님의 사랑이 야곱의 '야곱스러움'을 이기고 새로운 인생을 만들어 내십니다.

하나님의 일방적이고 집요한 그 사랑은 야곱 한 사람에서 끝나지 않음도 알게 되었습니다. 여기 오늘날 또다른 야곱인 저를 찾아오시는 사랑도 바로 그 사랑이기 때문입니다. 야곱의 하나님이 바로 저의 하나님이시고, 동시에 이 땅을 살아가는 모든 성도들이 고백하는 바로 그 하나님이십니다.

나눔교회의 귀한 성도들과 야곱 이야기, 아니 끝까지 찾아오시는 하나님 이야기를 나누며 경험한 은혜가 컸습니다. 저마다 자신의 '야곱스러움'을 확인하는 순간엔 고통스러웠지만, 그런 우리의 모습을 뛰어넘어 택하신 우리를 끝까지 신실하게 찾아와 당신의 사랑을 증명하시는 하나님을 만나는 것은 고통을 훌쩍 넘어서는 기쁨이었습니다. 부디 이 글을 읽는 분들도 동일하게 그 신실하고 사랑 많으신 하나님을 만나시길 기도합니다.

조영민

1부

우리를 부르신 그 사랑

1
기울어진 운동장

(창 25:19-26)

기울어진 운동장 & 서로 다른 출발선

사람은 잘 바뀌지 않습니다. 특히 어느 정도 성장한 어른은 쉽게 바뀌지 않습니다. 제가 청년들을 좋아하는 이유 가운데 하나는 그 시기가 어쩌면 변화될 수 있는 마지막 때일는지 모른다고 생각하기 때문입니다. 어른이 되면 정말 변화되기가 어렵습니다. 그런데 간혹 정말 확연하게 변화된 사람을 만날 때가 있습니다. 무엇이 어떻게 그를 변화시킨 것일까요? 변화를 만들어 내는 힘, 특별히 성도가 참된 성도로 변화되는 일이 어떻게 가능한지 구약성경의 한 인물을 통해 살펴보려 합니다.

구약의 교회를 대표하고 이후에 '이스라엘'이 된 야곱이라는 인물입니다. 야곱은 인생의 처음과 나중이 전혀 다릅니다. 그는 존재의 변화를 경험한 사람입니다. 과연 무엇이 그를 이스라엘 민족의 믿음의 조상으로 만들었을까요? 야곱의 인생을 들여다보면서 우리 성도들도 존재 자체가 바뀌는 것이 가능한지, 바뀐다면 그런 일이 어떻게 일어나는지 답을 찾고 변화를 소망하게 되기를 바랍니다. 야곱이 태어나기 전, 그가 어머니 리브가의 뱃속에 있을 때의 이야기부터 나눠 보겠습니다.

당시 리브가의 태중 상황을 잘 이해하기 위해선 먼저 두 가지 개념을 짚고 갈 필요가 있습니다. '기울어진 운동장'이라는 표현과 '예정론'이라는 기독교 교리입니다.

'기울어진 운동장'이란 스스로를 약자이자 소수, 불리한 세력이라고 주장하는 진영이 자신과 다른 세력 간의 불공평한 관계를 비유할 때 사용하는 말입니다. 애초에 불리한 조건을 가지고 있으니 공정한 경쟁이 될 수 있도록 그 기초를 공평하게 만들어 달라는 의미를 담고 있습니다. (기울어진 운동장이 비유적인 표현만은 아닙니다. 실제로 모든 실외 경기장은 배수를 위해 한쪽으로 기울어져 있기 때문입니다. 실외 경기장에서 경기할 때 어쩔 수 없이 유리한 쪽과 불리한 쪽이 생기게 되어 있습니다. 그래서 공평을 기하기 위해 보통은 경기 중간에 상대방과 진영을 바꿉니다.)

다음으로 '예정론'입니다. 예정론은 아주 논쟁적인 기독교 교리 중 하나입니다. 어떤 사람은 이것을 '선택과 유기의 교리'라고 부르기도 합니다. 아주 거칠게 정의하자면 "하나님께서 이 땅에 태어나는 모든 인간을 똑같이 보는 것이 아니라 어떤 이를 다른 어떤 이보다 더 많이 사랑하신다"는 논리입니다. 게다가 이 선택은 인간이 태어난 후 그의 행동에 따라 결정되는 게 아니라 그가 태어나기도 전에 하나님의 마음에서 일어나는 일이라고 합니다.

오늘날 우리의 공평과 공정의 관점에서 불편하게 느껴질 수도 있는 이 두 가지 개념을 염두에 두고 본문으로 들어가 보겠습니다.

기도로 잉태한 쌍둥이

믿음의 조상 아브라함의 아들 이삭은 나이가 사십이 되었을 때, 하란에 살고 있던 사촌 리브가를 만나 결혼합니다. 그런데 두 사람 사이에 아기가 없습니다.

> ¹⁹ 아브라함의 아들 이삭의 족보는 이러하니라 아브라함이 이삭을 낳았고 ²⁰ 이삭은 사십 세에 리브가를 맞이하여 아내를 삼았으니 리브가는 밧단 아람의 아람 족속 중 브두엘의 딸이요 아람 족속 중 라반의 누이였더라 ²¹ 이삭이 그의 아내가 임신하지 못하므로(창 25:19-21).

하나님은 아브라함에게 그의 자손을 통해 한 민족을 이루겠다고 약속하셨습니다. 그럼에도 아브라함은 자녀를 얻기까지 아주 오래 기다려야 했습니다. 그러다 나이 100세에 사라를 통해 얻은 자녀가 이삭입니다. 그런 이삭이 나이 사십이 되어 결혼을 하니 아버지나 아들이나 가정의 대를 이을 자녀가 얼른 생기기를 원했을 것입니다. 그런데 결혼한 지 20년이 지나도록 이삭과 리브가 사이에 아기가 없습니다. 21절에 "그의 아내가 임신하지 못"했다고 나옵니다. 20년 동안 한 번도 아기가 생긴 적이 없다는 의미입니다.

자손이 귀한 아브라함 집안에 큰일이 났습니다. 이런저런 방법을 다 동원해야 할 상황입니다. 그러나 이삭과 리브가는 20년이 지나도록 별다른 조치를 취하지 않습니다. 아마 이들 부부는 부모인 아브라함과 사라의 삶을 듣고 보면서 하나님이 신실하시고 약속을 반드시 이루시는 분임을 배웠던 것 같습니다. 아브라함이 하나님께 '자손 약속'을 받은 나이는 75세이고, 이삭을 낳은 것은 100세입니다. 그 사이에 25년이라는 기다림의 시간이 있었습니다. 이삭은 그 과정에 대해 아버지로부터 수없이 들었을 것입니다. 그는 부모에게 아름다운 믿음을 물려받았습니다. 기다리는 믿음, 하나님의 신실하심을 붙드는 법을 배웠습니다. 그래서 인간적인 방법, 즉 고대사회에서 행해지던 첩을 들이는 방식으로 자손을 두려 하지 않았습니다. 그는 하나님을 바라보며 기다렸습니다.

그런데 20년이 지나면서 이삭도, 리브가도 뭔가 문제가 있다고 생각한 것 같습니다. 둘은 자녀가 생기지 않는 문제에 대해 진지하게 고민했습니다. 마침내 이삭은 하나님 앞에 나아가 간구합니다. 그 기도는 곧바로 응답을 받습니다.

> 이삭이 그의 아내가 임신하지 못하므로 그를 위하여 여호와께 간구하매 여호와께서 그의 간구를 들으셨으므로 그의 아내 리브가가 임신하였더니(창 25:21).

성경의 기록 방식을 잘 보십시오. 21절은 이삭이 그의 아내가 임신하지 못하는 상황을 두고 '기도했더니' 하나님께서 응답하시어 리브가가 임신했다는 인과관계로 이 상황을 기록하고 있습니다. 우리는 여기서 한 가지 배울 점이 있습니다.

말했다시피 이삭은 믿음이 있는 사람입니다. 어릴 적부터 신앙 안에서 자란 사람입니다. 청소년기에는 아버지와 함께 모리아 산에 올라가 천사와 하나님의 현현을 경험한 적도 있습니다. 당연히 하나님의 신실하심에 대한 믿음이 있었지요. 지금 아브라함의 후처 그두라가 여섯 형제들을 낳아 번성하고 있고, 배다른 형 이스마엘은 열두 형제를 낳아 그 세력을 넓혀 가고 있는데 자기만 자녀가 없습니다. 그런데도 자녀를 얻기 위해 인간적인 방법을 동원하지 않은 걸 보면 보통 믿음이 아닌 듯합니다.

하나님께서 보시기에 그것이 문제였습니다. 이삭은 믿음이 '너무' 좋은 나머지 자기 문제를 들고 진지하게 하나님 앞에 나아가 기도하지 않았습니다. '하나님께서 나와 나의 필요를 아시니 가장 적절한 때, 가장 적당한 방법으로 채워 주실 거야!'라고 생각한 것입니다.

우리 중에도 그런 분이 있지 않습니까? 믿음은 좋은데 기도하지 않는 사람 말입니다. 그런 사람은 하나님 앞에 나가 애써 무언가를 구하고 얻는 경험을 하지 못합니다. 딱히 아쉬운 게 없어선지 하나님 앞에서 세련되고 멋진 말만 합니다. 한마디로 '간절함'이 없습니다. 어쩌면 이삭이 그런 상태였는지 모릅니다. 하나님은 이삭에게 간절함이라는 걸 가르쳐 주고 싶으셨습니다. 20년이라는 불임의 시간을 지나고 마침내 이삭은 하나님 앞에 나와 간구하기 시작합니다. 간구하는 기도가 터지자 하나님은 기다렸다는 듯 리브가의 태에 생명을 주십니다.

우리는 하나님께서 우리를 잘 아시고, 우리를 위해 최고의 계획을 가지고 계시며, 우리를 사랑하신다는 것을 믿어야 합니다. 나의 삶에 생각지 못한 일들이 일어나고 지속될지라도 하나님의 선하신 뜻을 바라보며 인내해야 합니다. 그렇다고 우리의 어려움과 상함과 간절한 소원을 기도로 아뢰지 않고 꾹 참고 지내야 한다는 뜻은 아닙니다. 하나님 앞에 나가 솔직하게 구하는 어린아이 같은 기도를 저버려서는 안 됩니다. "하나님의 뜻이 이루어질지어다"라고 고상하게 말하면서 실제로는 기도하지 않는 사람이 되어선 안 됩니다. 우리는 이 땅에서 경험하는 모든 일들을 하나님 앞에 들고 나가 간절히 구하며 기도해야 합니다. 믿음 안에서 잘 자란 이삭도 그런 기도를 배워야 했는데 하물며 우리는 어떨까요? 솔직한 기도, 마음의 소원을 아뢰는 기도,

하나님과 씨름하는 기도가 우리 가운데서 계속되고, 그 기도를 응답받는 과정에서 우리 주님을 더 깊이 경험하고 알게 되기를 축원합니다.

뱃속에서 일어난 전쟁

기도 응답으로 잉태된 쌍둥이들은 엄마의 뱃속에 있을 때부터 유별났습니다. 원어 성경을 보면 22절에 '그런데'라는 접속사가 있습니다. '그런데'를 넣어 읽어 보겠습니다.

> [그런데] 그 아들들이 그의 태 속에서 서로 싸우는지라 그가 이르되 이럴 경우에는 내가 어찌할꼬 하고 가서 여호와께 묻자온대(창 25:22).

믿음의 집안에서 믿음으로 기다렸고 기도로 잉태된 아기들입니다. 그런데 아기들이 엄마 뱃속에서 서로 싸웁니다. 임신부 리브가는 태중의 일 때문에 괴로워하며 탄식합니다. "이럴 경우에는 내가 어찌할꼬." 다른 번역본에는 "이렇게 괴로워서야, 내가 어떻게 견디겠는가?"(새번역)로 나옵니다. 아기가 날마다 뱃속에서 요동쳐서 정말이지 죽을 것 같다는 탄식입니다.

리브가가 누구입니까? 그녀는 보통 여성이 아닙니다. 아브라함의 종이 이삭의 신붓감을 찾으러 갔을 때, "하나님, 나와 내 낙타에게 마실 물을 주는 여인이라면 이삭의 신붓감으로 알겠습니다"라고 기도했습니다. 그 기도의 응답이 리브가입니다. 낙타 한 마리가 한번에 마시는 물의 양은 50리터입니다. 아브라함의 종이 끌고 간 낙타는 열 마리입니다. 그 낙타들에게 물을 충분히 마시게 하려면 500리터의 물이 필요합니다. 무게로 치면 500킬로그램입니다. 무슨 뜻입니까? 리브가는 한때 물 500리터 정도는 거뜬하게 퍼서 나를 수 있는 여인이었다는 말입니다. 그녀는 육체적으로나 정신적으로나 모두 강했습니다. 그 여인이 지금 오매불망 기다려 온 아기를 잉태하고는 힘들다는 소리를 하고 있습니다.

오늘날에는 의학이 발달되어 여러 방법으로 태아에 대해 알 수 있습니다. 최근에는 입체 초음파로 뱃속에 있는 아기의 모습을 실제에 가깝게 볼 수 있지만, 이삭의 시대에는 그런 기술이 없었습니다. 지금 뱃속에서 무슨 일이 일어나고 있는데 뭔지 모르니 임신부가 더 힘들 수밖에요. 리브가는 죽을 것 같은 고통을 겪다가 하나님께 묻습니다.

이에 하나님께서 대답하십니다.

> 여호와께서 그에게 이르시되 두 국민이 네 태중에 있구나 두 민족이 네 복중에서부터 나누이리라 이 족속이 저 족속보다 강하겠고 큰 자가 어린 자를 섬기리라 하셨더라(창 25:23).

하나님은 불안해 하는 리브가에게 지금 겪고 있는 고통의 의미를 친절하게 가르쳐 주십니다. "너는 쌍둥이를 임신했고, 둘은 뱃속에서부터 사이가 좋지 않다. 나중에 서로 다른 민족으로 나누어질 것이다. 결과적으로 형이 동생을 섬기게 될 것이다"라는 말씀입니다. 리브가나 이삭이 이 내용을 정확하게 이해했을 리 없습니다. 이제 겨우 태중에 아기가 생겼는데, 그 아기들이 나중에 두 민족이 된다는 말씀이 너무 비현실적으로 들렸을 테지요. 두 사람 모두 "지금 태중에 큰 인물들을 품고 있으니 잘 참고 견뎌 봐. 화이팅!" 정도로 이해했을 것입니다. 어쨌든 리브가는 하나님의 말씀을 듣고 견딜 힘을 얻었을 것입니다. 몹시 고통스러워도 이것이 태중에 있는 건강한 쌍둥이 아들 때문이라고 하니 힘이 났을 것입니다. 리브가는 특유의 뚝심으로 뱃속의 아기들을 잘 키웠고 기한이 되어 쌍둥이를 낳습니다.

선택의 교리

이삭과 리브가는 하나님의 말씀을 단순하게 이해하고 넘어갔을지 몰라도, 창세기 25장 23절에는 아주 중요한 기독교 교리가 선명하게 제시되어 있습니다. 바로 '선택의 교리'입니다. 바울은 로마서에서 이 사건의 의미를 다음과 같이 풀어 냅니다.

> 10 그뿐 아니라 또한 리브가가 우리 조상 이삭 한 사람으로 말미암아 임신하였는데 11 그 자식들이 아직 나지도 아니하고 무슨 선이나 악을 행하지 아니한 때에 택하심을 따라 되는 하나님의 뜻이 행위로 말미암지 않고 오직 부르시는 이로 말미암아 서게 하려 하사 12 리브가에게 이르시되 큰 자가 어린 자를 섬기리라 하셨나니 13 기록된 바 내가 야곱은 사랑하고 에서는 미워하였다 하심과 같으니라 (롬 9:10-13).

아직 우리가 태어나기 전에, 착한 일이나 악한 일을 하기도 전에 하나님께서 우리를 선택하신다는 말입니다. 리브가의 태중에 있던 두 아기 중에 큰 자가 어린 자를 섬기는 것에 관해 하나님께서 그렇게 정하셨고, 그 정하신 대로 야곱은 하나님의 택함을 받고 에서는 버림을 받았다는 것입니다. 한술 더 떠서 바울은 하나님께서 "야곱은 사랑하고 에서는 미워하였다"라는 표현을 씁니다. 그들이 이 세상에 태어나 행한 일을 보고 그러신 게 아니라, 태중에 있을 때부터 이미 하나는 사랑하셨고 다른 하나는 미워하셨다는 말입니다.

장로교 교리를 전할 때 가장 반감을 사는 교리가 예정의 교리, 선택과 유기의 교리입니다. 제가 예전에 사역하던 교회에선 예정론이 불필요한 갈등을 일으키므로 가르치지 말라는 비공식 지침이 있을 정도였습니다. 사람들이 반발할 만도 합니다. 태어나기도 전에 사람의 운명이 하나는 사랑으로, 다른 하나는 미움으로 정해진다는 것을 어떻게 납득할 수 있을까요? 세상에 나오기 전부터 인생이 '기울어진 운동장'이라니요. 아직 태어나지 않은 에서가 불쌍하고, 야곱만 너무 큰 특혜를 받는 것 같습니다. 나중에 사는 걸 보면 야곱이나 에서나 그리 대단한 믿음을 보여 주지도 않는데 말입니다. 사실 둘 다 문제가 많았습니다. 그런데 왜 야곱은 하나님 나라 백성의 조상이 되고, 에서는 하나님 나라와 싸운 후에 심판받는 에돔 족속의 조상이 되는 걸까요?

이 점을 이해하기 위해 받아들여야 하는 첫 번째 진리가 있습니다. 우리는 결코 백지 상태가 아니라는 것입니다. 태어나는 모든 인간들은 죄 없는 상태가 아닙니다. 이 땅에서 잘 훈련받고 배우면 잘 살고, 그렇지 못하면 못 사는 존재가 아닙니다. 성경은 인간이라는 존재가 '날 때부터 죄인'임을 분명하게 선언하고 있습니다. 시편 51편 5절을 보십시오.

> 내가 죄악 중에서 출생하였음이여 어머니가 죄 중에서 나를 잉태하였나이다.

다윗이 자신이 죄인이라는 것을 깨닫고 하나님 앞에 기도할 때 드린 시입니다. 그는 자신을 깊이 돌아보았더니 자기 죄가 태어난 후에 만들어진 게 아니었다고 말합니다. 자신이 죄악 중에 태어났고 잉태되어 있을 때에도 여전히 죄인이었다고 고백합니다. 아담 이후에 태어나는 모든 인간들이 검은 죄에 완전히 오염된 채 이 땅에 태어난다는 말입니다. 바울은 이것을 "본질상"(엡 2:3)이란 표현으로 설명합니다. 우리의 본질이 처음부터 죄에 오염된 상태라는 것입니다.

우리는 선택 교리를 다음과 같은 방식으로 오해합니다. 우리가 다 멀쩡히 잘 살고 있는데 하나님이 오셔서 "내가 얘, 얘, 얘는 택하고 쟤, 쟤, 쟤는 택하지 않겠다"고 말씀하셨다는 것입니다. 그러고는 택한 자들에게 복을 주시고, 택하지 않은 자들에겐 저주를 내리신다는 것이지요. 여기에 어떤 생각이 전제되어 있습니까? "우리는 다 괜찮은 사람들이었다"입니다. 우리가 백색 도화지였다는 생각이지요. 성경이 말하는 우리는 처음부터 검은 잉크로 오염된 도화지였습니다. 우리는 처음부터 망가진 사람들이었습니다. 모두가 지옥행 급행열차를 타고 사망과 영원한 심판을 향해 달려가는 죄인들이었습니다.

2차 세계대전이 끝나갈 무렵에 실제로 있었던 일입니다. 유태인들이 아우슈비츠로 끌려가 죽는 것을 알게 된 독일인 사업가 오스카 쉰들러는 그들을 살리기로 작정합니다. 자신이 운영하는 군수공장에 죽게 된 그들을 취업시키는 방법을 생각해 냅니다. 그는 군수공장에 필요한 직원 수를 몇 배나 부풀려 유태인 노동자를 요구하고, 직원의 급여에 해당하는 금액을 독일군에 지불하기로 합니다. 쉰들러는 필요한 직원의 이름을 한 장의 장부에 기록합니다. 이 장부는 훗날에 '쉰들러 리스트'로 알려집니다.

이 리스트에 오른 사람은 수용소에 끌려가지 않고 쉰들러의 공장에서 보호를 받습니다. 유태인들에게 쉰들러 리스트는 곧 생명책입니다. 쉰들러는 리스트에 더 많은 이름을 올리기 위해 애썼습니다. 그 결과 1,100명의 유태인을 고용할 수 있었습니다. 그는 독일군에게 들키지 않기 위해 엄청난 뇌물을 지속적으로 써야 했습니다. 또 실제로 아무 수익도 내지 못하는 유태인의 생활비를 대느라 전 재산을 탕진합니다. 그가 거의 파산할 무렵 독일은 패전했고, 유태인들은 자유를 얻습니다. 수용소에서 죽을 수밖에 없던 그들이 한 사람의 희생으로 아무 대가 없이 생명을 보존할 수 있었습니다. 리스트에 오른 유태인은 자신이 왜 살게 되었는지 모릅니다. 단지 리스트에 이름이 오르는 은혜를 입으면 사는 것입니다.

마찬가지입니다. 우리가 다 죽음을 향해 달리는 사망의 기차를 타고 있었습니다. 그 기차에 하나님의 아들이 뛰어들어와 일부 사람들을 구하셨습니다. 이것이 예정, 선택과 유기의 교리입니다. 여기서 "왜 저 사람들은 살리지 않았나요?" "왜 모든 사람을 구원하지 않은 거예요?"라고 물으면 안 됩니다. 우리 중에 마땅히 구원받아야 할 사람은 아무도 없으니까요. 이런 전제로 보면 우리가 하나님을 예배할 수 있는 자가 된 것, 말씀을 들을 수 있는 자가 된 것, 흐릿하게라도 하나님께서 우리에게 행하신 사랑을 알고, 예수 그리스도가 우리의 구원자이심을 알며, 나의 죄를 위해 죽으신 예수님을 나의 구원자요 주인으로 고백할 수 있는 것이 다 하나님의 은혜임을 고백하게 됩니다. 그래서 예정의 교리는 반드시 감사와 찬양으로 연결됩니다. "나 같은 죄인 살리신 주 은혜 놀라워!"라는 찬양이 터져 나오지 않을 수 없습니다.

태어난 두 아이: 전혀 다른 외모와 성품

이제 두 아이가 태어날 시간이 되었습니다.

> ^{24} 그 해산 기한이 찬즉 태에 쌍둥이가 있었는데 ^{25} 먼저 나온 자는 붉고 전신이 털 옷 같아서 이름을 에서라 하였고 ^{26} 후에 나온 아우는 손으로 에서의 발꿈치를 잡았으므로 그 이름을 야곱이라 하였으며 리브가가 그들을 낳을 때에 이삭이 육십 세였더라(창 25:24-26).

먼저 나온 아이는 에서입니다. 아이가 나오는 순간 산파는 깜짝 놀랐습니다. 온몸이 붉은 데다가 털로 덮여 있었기 때문입니다. 털 때문에 아기의 이름은 에서가 됩니다. '털이 많다' 또는 '거칠다'라는 뜻입니다. 산파는 처음 충격을 떨치기도 전에 또 한번 충격을 받습니다. 털복숭이 아기가 다 나올 무렵 그의 발꿈치를 꽉 붙잡고 딸려나오는 아기가 더 있었기 때문입니다. 야곱입니다. 그 아기는 형보다 먼저 나가고 싶어하는 마음이 느껴질 만큼 필사적으로 형의 발꿈치를 끌어당기고 있었습니다.

아기를 낳아 보신 분들은 출산의 고통이 얼마나 큰지 기억하실 것입니다. 그런데 출산시 아기가 겪는 고통이 산모가 겪는 고통보다 몇 배나 더 크다고 합니다.

야곱이 그런 사람입니다. 엄청난 고통 속에서도 뱃속 형제에게 뒤지지 않으려고 형의 발꿈치를 놓지 않은 독한 인물입니다. 그렇게 태어난 아기가 너무 놀라워 그 이름을 발꿈치에서 파생된 '야곱'이라고 짓습니다. 야곱은 원래 고대 씨름 기술의 이름입니다. 상대방에게 밀려 쓰러지는 척하면서 상대방의 발목을 잡고 돌리는 전문 기술이지요. 이 기술을 사용하면 사람들이 야유를 보냅니다. 상대방을 속이는 기술이니까요. 싸움에서 이겨도 비난받는 기술의 이름이 '야곱'입니다. 이삭이 보기에 둘째 아들은 사기꾼이

될 기질을 타고난 아이였나 봅니다.

무슨 근거로 우리를 사랑하는가?

23절 마지막에 나오는 하나님의 말씀을 다시 기억하십시오. "큰 자가 어린 자를 섬기리라." 하나님은 뱃속에 있는 두 아이의 운명을 결정하듯 말씀하셨던 걸까요? 하나님은 왜 에서는 사랑하지 않으셨을까요? 왜 야곱은 사랑하셨을까요?

하나님께 이유를 묻고 싶습니다. "뱃속에서 싸움 좀 했기로소니 에서를 사랑하지 않으시면 어떡합니까? 둘이 같이 싸웠는데 왜 한쪽 편만 들어 야곱을 사랑하셨나요? 나중에 자라면서 하나님께 불순종했다든지 그밖의 죄를 지어서가 아니라 아직 아무 일도 하지 않은 뱃속에 있을 때부터 그렇게 결정하시는 건 부당하지 않습니까?"

하나님께서 뭔가 합리적인 이유를 대셔야 할 것만 같습니다. 짐승 같은 외모를 타고난 에서가 불쌍합니다. 그 형의 발꿈치를 붙잡고 나온 매끈매끈한 야곱이 얄밉습니다. 나중에 하는 짓을 봐도 너무 얄밉습니다. 저는 끊임없이 잔머리를 굴리고 이기심으로 똘똘 뭉친 야곱보다 차라리

거칠어도 예측 가능한 에서와 어울리고 싶습니다. 그런데 하나님은 태어나기 전부터 그 둘을 나누셨고, 한쪽을 축복하기로 작정하셨습니다.

하나님께서 야곱에게 찾아오신 것입니다. 이것은 명백한 편애입니다. 하나님은 왜 야곱에게 찾아오셨을까요? 왜 야곱을 끝까지 편애하실까요? 야곱이 죽는 날까지 이어지는 편애는 도대체 무슨 이유일까요? 제가 내린 결론은 "하나님께서 그렇게 하기로 정하셨다"는 것입니다. 일단 한 사람을 점찍은 다음에 그를 변화시키시는 하나님의 열심이 작동합니다. 이후로 쭉 살펴보겠지만 그 열심이 '사기꾼 야곱'을 '하나님 나라의 조상' 이스라엘로 바꿔 놓습니다.

야곱의 이야기는 우리의 이야기입니다. 우리가 사랑스러운 사람들인가요? 사랑받을 만한 존재인가요? 괜찮은 사람들 같은가요? 어떤 이는 스스로를 그렇게 평가할지도 모르겠습니다. 그러나 안타깝게도 우리에겐 하나님의 기준에 부합할 만한 것이 전혀 없습니다. 우리가 뭔가를 아무리 많이 해도 하나님의 마음을 흡족케 할 수 없습니다. 우리는 하나님의 기준에 합당하지 않습니다. 전혀 사랑스럽지 않습니다. 그런 우리를 주님께서 택하셨습니다.

너희가 그리스도의 것이면 곧 아브라함의 자손이요 약속대로 유업을 이을 자니라(갈 3:29).

우리가 "약속대로 유업을 이을 자"인 증거는 무엇입니까? 우리가 지금 그리스도를 구원자요 주로 고백하고 있는 것을 보면 알 수 있습니다. 그리스도를 믿음으로 우리의 생명이 그리스도께 속했습니다. 달리 말해 "그리스도로 말미암아 하나님께서 나를 점찍으셨습니다."

우리의 인생을 고치시는 하나님을 구합시다. 하나님과의 동행을 간절히 요청합시다. 우리의 열심이 아니라 하나님의 열심으로 이루실 위대한 변화를 꿈꿉시다. 주님께서 우리를 고치실 것입니다. 주님은 결코 포기하지 않으십니다. 야곱이 이스라엘이 될 때까지 그를 따라다니며 고치시는 하나님의 열심을 기대합니다.

나눔과 적용

1. 아브라함의 아들 이삭의 족보로 시작된 본문은, 이삭의 아내 리브가가 쌍둥이 형제를 낳는 것으로 마무리됩니다. 출산 과정에서 있었던 일을 스토리텔링하듯 정리해 보십시오(19-26절).

2. 리브가가 낳은 쌍둥이의 이름과 뜻은 각각 무엇입니까?(25-26절)

   - 에서:
   - 야곱:

   에서와 야곱은 외모가 전혀 다른 이란성 쌍둥이였습니다. 외모가 둘의 운명을 가르는 근본적 이유가 될 수 있을까요?

3. 바울은 야곱의 탄생과 관련해 "하나님께서 처음부터 야곱은 사랑하고 에서는 미워하였다"고 말했습니다(참조 롬 9:13). 이 말은 무슨 의미일까요? 오늘날 우리의 공평과 공정의 관점에서 볼 때, 이런 하나님의 방식이 어떻게 다가옵니까?

4. 하나님은 우리를 창세전부터 사랑하기로 정하셨습니다. 이 사실은 우리에게 어떤 깨달음을 줍니까? 예정의 교리를 대하는 올바른 자세에 대해 나눠 보십시오.

2
팥죽이냐 장자권이냐

(창 25:24-34)

마시멜로 이야기

1960-1970년대 스탠퍼드대학교의 심리학자 월터 미셸이 실시한 실험에 참여하기 위해 네 살짜리 어린이들이 작은 책상 하나만 덩그러니 놓인 방 안에 초대됩니다. 책상 위에는 달콤한 마시멜로 두 개와 종 한 개가 놓여 있습니다. 연구자는 어린이들에게 말합니다. "난 바빠서 잠깐 나가 봐야 해요. 내가 돌아오면 마시멜로 두 개를 다 줄 테니 기다리세요. 혹시 그 전에 마시멜로가 먹고 싶으면 종을 울리고 하나만 먹으세요. 하지만 그걸로 끝이에요. 두 개를 다 먹으려면 내가 돌아올 때까지 기다려야 해요."

연구자는 이 말을 남기고 방 밖으로 나갑니다. 방문은 굳게 닫히고 어린이들은 금단의 마시멜로와 함께 방 안에 남겨집니다. 어떤 어린이는 불과 1분 만에 종을 울리고 마시멜로 하나를 먹어치웠고, 어떤 어린이는 유혹을 이기기 위해 눈을 가리고 노래를 부르고 책상을 걷어차는 등 딴청을 부렸습니다. 꾀 많은 어린이는 억지로 낮잠을 잤습니다. 결국 3분의 1의 어린이들이 유혹을 참지 못하고 마시멜로를 먹었고, 나머지 3분의 2는 끝까지 참았습니다. 그로부터 10년 후 실시된 2차 연구에서, 마시멜로의 유혹을 이겨 낸 어린이가 그렇지 못한 어린이보다 건강하고 사회적응을 잘했을 뿐 아니라 미국 수학능력 시험(SAT)에서 210점이나 더 높은 점수를 받은 것으로 밝혀집니다.

이 실험은 2005년 호아킴 데 포사다가 쓴 『마시멜로 이야기』라는 책으로 유명해졌습니다. 성공과 관련해 저자가 말하는 핵심은 제2장의 제목 "눈부신 유혹을 이기면 눈부신 성공을 맞이하리라"로 요약됩니다. 오늘의 유혹을 이기면 내일 더 큰 성공을 누릴 수 있다는 논리입니다.

여러분은 이 실험을 어떻게 생각하십니까? 이 실험을 근거로 만든 선언은 어떻습니까? 마시멜로 이야기는 뒤에 가서 다시 정리하겠습니다. 아직 답을 내지 않고 본문 말씀으로 들어가 보겠습니다.

이란성 쌍둥이

²⁴ 그 해산 기한이 찬즉 태에 쌍둥이가 있었는데 ²⁵ 먼저 나온 자는 붉고 전신이 털옷 같아서 이름을 에서라 하였고 ²⁶ 후에 나온 아우는 손으로 에서의 발꿈치를 잡았으므로 그 이름을 야곱이라 하였으며 리브가가 그들을 낳을 때에 이삭이 육십 세였더라 (창 25:24-26).

먼저 나온 아이가 에서입니다. 에서와 야곱의 겉모습만 봐도 하나님이 왜 둘을 다르게 선택하셨는지 알 수 있다고 주장하는 목사님을 만난 적이 있습니다. 갓 태어난 아기가 온몸에 붉은 털이 가득하면 그게 사람이냐는 말입니다. 아기 피부가 매끈해야 하는데 날 때부터 붉은 털로 뒤덮였으니 딱 마귀새끼 같다는 것이지요. 겉모습이 반영하고 있는 성격 때문에 하나님께서 에서를 택하지 않으셨다는 논리입니다. 한편 피부가 매끈한 야곱은 타고난 성품이 좋아서 선택을 받았고요. 야곱이 뱃속에서부터 장자권의 중요성을 알았기에 먼저 나가는 에서를 끌어당겨서라도 장자가 되고 싶어했다는 말도 덧붙였습니다.

이것은 해석이 아니라 그 목사님의 지극히 개인적인 느낌입니다. 하나님께서 절대 그러실 리 없습니다. 하나님은 외모가 아니라 중심을 보시는 분입니다. 붉은 털옷을 뒤집어쓴 것 같은 피부든 매끈한 피부든 그것이 하나님께서 한 인생을 사랑하고 말고를 정하는 기준이 될 수 없습니다.

쌍둥이의 탄생 장면에서 우리가 알 수 있는 것은 하나입니다. 전혀 다른 이란성 쌍둥이가 거의 같은 시간에 태어났다는 것! 성경은 아무 해석 없이 일어난 일만을 기록합니다. 부모는 갓난아기의 겉모습에 따라 이름을 짓습니다. 붉은 털이 특징인 첫째에게는 '거칠다'는 뜻의 에서라는 이름을, 형의 발꿈치를 잡고 나온 동생에게는 '발꿈치'라는 뜻의 야곱이라는 이름을 붙여 줍니다.

사람들은 붉은 털옷을 뒤집어쓴 것 같은 에서를 이상하게 볼 수 있습니다. 쌍둥이 형의 발꿈치를 잡고 나온 야곱을 기이하게 볼 수 있습니다. 그러나 하나님은 돈이나 건강, 권력, 학벌, 인맥 등의 겉모습으로 한 인생을 평가하지 않으십니다. 그분은 세상과 전혀 다른 기준을 가지고 계십니다. 세상의 관점이 아니라 하나님의 관점으로 주변 사람들과 자신을 보는 눈의 변화를 경험하시기 바랍니다.

독이 든 사랑

쌍둥이 형제는 외모만큼이나 다른 성장 과정을 보여 줍니다.

> 그 아이들이 장성하매 에서는 익숙한 사냥꾼이었으므로 들사람이 되고 야곱은 조용한 사람이었으므로 장막에 거주하니(창 25:27).

에서는 사냥에 능숙한 '들사람'이 되었고, 야곱은 조용한 성격으로 '장막에 거주하는 사람'이 되었습니다. 사냥꾼과 조용한 사람, 우리는 이러한 특징도 선과 악으로 나누고 싶어합니다. 사냥꾼이라는 직업이 에서의 난폭한 성품을 반영하고, 야곱은 하나님의 택하심을 받은 착한 사람이어서 조용히 집안일을 하게 되었다는 식으로 생각합니다. 하나님께서 에서를 미워하고 야곱을 사랑하시는 이유를 기어코 찾아내고 싶어서입니다. 이유 없이 누구는 사랑하고 누구는 미워한다는 것이 도무지 납득되지 않기 때문입니다. 그렇다고 장성한 두 형제가 택한 직업으로 그들의 선과 악을 규정할 수 없습니다. 고대사회에서 노련한 사냥꾼은 중요한 직업이었습니다. 상대적으로 조용한 성격의 야곱은 '장막에 거주'하는데, 이는 당시 상용어로서 목축하는 사람, 즉 목자를 의미합니다. 위의 구절은 두 형제가 각자 기질에 맞게 다른 직업을 선택한 것에 대한 객관적인 설명입니다.

> 이삭은 에서가 사냥한 고기를 좋아하므로 그를 사랑하고 리브가는 야곱을 사랑하였더라(창 25:28).

문제는 여기서 일어납니다. 아버지 이삭과 어머니 리브가는 두 아들을 각각 편애했습니다. 이삭은 에서를 유독 좋아했는데 이유는 간단합니다. "에서가 사냥한 고기를 좋아"했기 때문입니다. 원어를 직역하면 그는 "에서가 사냥한 고기를 항상 그의 입에 두었습니다." 이삭은 분명 "형이 아우를 섬기게 된다"는 하나님의 계시를 들었고, 그 부분을 정확히 했어야 합니다. 그 계시를 에서에게 알리고 순종할 것을 가르쳐야 했습니다. 그러나 그렇게 하지 않았습니다. 나중에 보면 이삭이 에서에게 장자의 축복을 주려 합니다. 에서가 가져다주는 고기가 좋았고, 그 고기를 가져다주는 에서가 좋았기 때문입니다.

한편, 어머니 리브가는 야곱을 사랑했습니다. 하나님의

계시를 기억했기 때문일까요? 정확히는 알 수 없습니다. 그러나 그녀는 하나님을 오해하고 있습니다. 하나님께서 분명히 계시해 주셨는데도 자기 힘과 지혜를 총동원합니다. 남편을 속이고 큰아들 에서의 마음에 비수를 꽂더라도 야곱에게 장자의 축복이 돌아가야 한다고 생각했고, 이를 위해 일을 벌입니다. 리브가는 아브라함의 집안 식구가 된 지 수십 년이 지났는데도 여호와 하나님이 어떤 분이신지, 어떻게 일하시는지 몰랐나 봅니다. 그녀는 하나님을 기다리지 못했습니다. 그분이 하실 일을 기대하지 않았습니다. 내가 들은 바를 내 힘으로 이루어야 직성이 풀렸고, 그것이 야곱을 향한 어긋난 사랑으로 표현되었습니다.

성경에서 가장 사이 좋지 않은 형제 중 하나가 에서와 야곱입니다. 그들은 죽이지만 않았지 죽이기 직전까지 갔습니다. 그들이 세운 민족은 역사 속에서 끊임없이 싸웠습니다. 그 원인 중 하나가 부모가 자기 눈에 보기 좋은 자녀를 편애했기 때문입니다. 부모의 독이 든 사랑이 기나긴 비극을 만들고 말았습니다.

자녀들을 하나님의 언약 백성으로 바르게 양육하기를 원하십니까? 그렇다면 먼저 내 생각과 마음을 하나님의 가치로 바꿔야 합니다. 내 욕심과 선호, 느낌이 아니라 하나님의 말씀에 기대어 그분의 마음과 눈으로 자녀를 바라보아야 합니다. 내 마음에 드는 일을 한다고 그 아이를 좋아하고, 내 마음에 들지 않는다고 그 아이를 미워해선 안 됩니다. 아이들 하나하나에게 고유한 가치가 있습니다. 하나님께서 그 아이에게 품으신 계획과 뜻이 있습니다. 부모는 그 계획과 뜻을 듣고, 맡겨진 영혼들을 하나님의 눈으로 바라보며 사랑으로 양육해야 합니다. 우리의 사랑 안에 녹아 있을지도 모르는 독을 제거해 달라고 하나님께 구해야 합니다. 오직 주님만이 만드실 수 있는, 사람을 살리고 고치고 온전케 하는 사랑으로 자녀를 사랑하는 성도가 되시기를 바랍니다.

팥죽과 장자의 명분: 자격 없는 자들

이제 본문의 중심 사건을 보겠습니다. 두 아들의 가장 중요한 차이점, 둘의 중심이 다름을 보여 주는 사건입니다.

> [29] 야곱이 죽을 쑤었더니 에서가 들에서 돌아와서 심히 피곤하여 [30] 야곱에게 이르되 내가 피곤하니 그 붉은 것을 내가 먹게 하라 한지라 그러므로 에서의 별명은 에돔이더라 [31] 야

곱이 이르되 형의 장자의 명분을 오늘 내게 팔라 ³² 에서가 이르되 내가 죽게 되었으니 이 장자의 명분이 내게 무엇이 유익하리요 ³³ 야곱이 이르되 오늘 내게 맹세하라 에서가 맹세하고 장자의 명분을 야곱에게 판지라 ³⁴ 야곱이 떡과 팥죽을 에서에게 주매 에서가 먹으며 마시고 일어나 갔으니 에서가 장자의 명분을 가볍게 여김이었더라(창 25:29-34).

유명한 팥죽 사건입니다. 우리말 성경은 '팥죽'이라고 번역하고 있지만 우리가 알고 있는 팥죽과는 다릅니다. 원어 성경에는 '아돔'과 '아다쉬'로 쓰였는데 그냥 '붉은 것'이라는 의미입니다. 지금도 이 지역에 가면 흔하게 먹을 수 있는 렌틸콩으로 만든 붉은빛 스프를 말합니다. 학자들은 이곳이 야곱이 목축을 하러 나온 야영지라고 설명합니다. 거대한 부와 사람들을 거느린 족장 이삭의 집에서 아들 에서가 먹을 것이 없는 상황이 일어날 리 없고, 야곱이 직접 요리를 하고 있을 리 없기 때문입니다. 야곱이 양무리를 끌고 야영지로 나와 있는데, 마침 그곳에 에서가 찾아와 배고파 죽을 지경이니 죽을 달라고 떼를 쓰는 것입니다.

야곱은 "형의 장자의 명분을 오늘 내게 팔라"는 제안을 합니다. 이것이 진지한 제안이었는지 약간 장난이었는지는 모릅니다. 에서는 배고파 죽겠는데 장자의 명분이 무슨 소용 있느냐며 맹세까지 하고 장자의 명분을 죽 한 그릇에 팔아 버립니다. 야곱이 죽뿐 아니라 떡까지 준 것을 보면 이 일을 대단히 기뻐한 것 같습니다(34절). 성경을 기록하는 성령님은 이 사건에서 에서의 문제가 무엇인지를 명백히 밝힙니다. 그는 장자의 명분을 가볍게 여겼습니다.

에서는 분명 잘못된 선택을 했습니다. 그가 굶어 죽게 되었다는 말은 과장입니다. 그냥 사냥하다가 끼니를 걸렀을 뿐입니다. 조금만 더 가면 아버지의 집이 나오고 그 집에는 먹을 것이 넘칩니다. 자기가 직접 음식을 만들어 먹어도 됩니다. 그는 수고하거나 기다리고 싶지 않았습니다. 마침 평소에 좋아하던 붉은 죽을 동생이 끓이고 있는 것을 보고, 그는 장자의 명분을 주고 붉은 죽을 사 먹습니다.

고대사회에서 장자의 명분이란 일반적으로 부모의 재산을 상속받을 때 두 몫을 받을 권리입니다. 아버지를 이어 그 집안의 가장이 되어 책임을 다해야 하므로 다른 형제들보다 두 배 많은 유산을 받는 것이지요. 아브라함의 집안에는 이러한 장자의 명분에 추가되는 항목이 있습니다. 하나님께서 아브라함에게 하신 언약을 이어받을 자격입니다. 하나님은 아브라함에게 정착할 땅과 큰 민족, 열방의 복을 약속하셨습니다. 그 언약은 아브라함의 자손들을 통해 성취될 텐데, 후손이 많으면 형제들 중 장자의 명분을 가진 이가 그 약속을 이어받습니다.

에서는 이 엄청난 하나님의 약속을 이어갈 자격인 장자의 명분을 가볍게 여겼습니다. 이것이 그의 가장 심각한 문제였습니다. 그는 하나님의 약속을 우습게 여겼습니다. 할아버지 아브라함이 평생 살아내고 보여 준 하나님의 약속, 아버지 이삭의 삶을 관통하는 하나님의 약속을 전혀 중요하게 생각지 않았습니다. 히브리서 기자는 에서를 "음행하는 자"와 같은 수준으로 보며 이렇게 평가합니다.

> 음행하는 자와 혹 한 그릇 음식을 위하여 장자의 명분을 판 에서와 같이 망령된 자가 없도록 살피라(히 12:16).

'망령된'이라는 표현은 '문지방'이 어원이라고 합니다. 매우 중요하고 좋은 장자의 명분을 발로 짓밟아 버렸다는 것이지요. 무엇에도 비할 수 없이 큰 하나님의 약속을 한 끼 식사와 바꿔 버린 건 그 약속을 짓밟은 것과 같습니다. 에서는 가장 중요한 것, 즉 이 집안의 특별한 정체성을 인정하지 않았습니다. 하나님의 약속을 바라보고 가나안 땅까지 와서 고생하며 자리잡은 집안입니다. 집안 사람들 모두가 하나님의 약속이 얼마나 중요한지 알고 있습니다. 그런데도 에서는 이 약속을 이어받을 자격을 쉽사리 동생에게 넘기고 맙니다.

에서가 도대체 어떤 사람이기에 이런 선택을 한 것일까요? 그는 눈에 보이는 것이 전부인 사람이었습니다. 하나님의 언약은 '보이지 않는 것'이고, 붉은 죽은 당장 내 삶에 유익을 가져다줄 '보이는 것'입니다. 언약은 언제 어떻게 이루어질지 몰라도 붉은 죽은 당장 주린 내 배를 채워 줄 것입니다. 그는 보이지 않는 언약이나 장자의 명분보다 당장 눈에 보이는 죽을 한치의 망설임 없이 선택하는 '믿음 없는 자'로 성장했습니다. 그 결과 언약의 자손 이삭 집안의 장자로서 누릴 수 있는, 하나님께서 아브라함에게 주신 약속을 이어갈 장자의 명분을 잃고 말았습니다.

이것은 단지 에서만의 이야기일까요? 우리도 에서와 같을 때가 있지 않나요? 하나님의 약속은 너무 멀리 있는 것 같고 손에 잡히지도 않습니다. 그래서 잘 믿어지지 않습니다. 반면에 당장 눈에 보이는 것들은 사방에 널려 있고, 손만 내밀면 당장 잡을 수 있을 것 같습니다. 그때 여러분은 어떤 선택을 하십니까? 우리는 하나님께서 약속하신 나라가 복된 나라임을 믿습니다. 허나 그 나라를 위해 오늘 내가 지불해야 하는 눈에 보이는 대가를 부담스러워 합니다. '보이지 않는 것'을 얻기 위해 '보이는 것'을 내놓자니 손해 보는 것만 같습니다. 약속받은 나라가 아무리 좋더라도 지금 내 눈앞에 보이는 나라에서 손해 보면서까지 약속된 나라를 붙들어야 하는지 확신이 서지 않습니다.

한편, 야곱이 한 일은 잘한 것일까요? 아닙니다. 그도 잘못했습니다. 야곱은 장자의 명분이 중요하다는 것을 알고 있었습니다. 장자의 명분이 자기에게 돌아올 것이라는 계시를 어머니 리브가를 통해 들었을 테지요. 그런데 치명적이게도 "하나님께서 주기로 하셨다"는 말씀을 믿지 않았습니다. 야곱은 하나님을 기다리지 않고, 팥죽으로 형 에서와 거래를 합니다. 자기 딴에는 하나님의 약속을 성취하기 위해 노력했다고 하겠지만, 이 사건으로 형제 사이의 골은 더 깊어집니다. 약속은 믿었지만 그 약속을 신실하게 이루는 하나님의 일하심을 믿지 못한 야곱입니다. 그는 자기 꾀로 인해 하나님이 계획하신 길에서 훨씬 돌아가는 험악한 길을 걷는 인생이 됩니다.

보이지 않는 믿음과 소망으로 '사랑'의 삶을 사는 이들: 성도

우리는 "에서와 야곱 모두 문제가 많다"라고 결론 내리며 끝낼 수는 없습니다. "하나님께서 예정하셨으니 무조건 한 명은 구원을 받고 다른 한 명은 저주를 받을 것"이라고 생각하며 본문을 읽어서도 안 됩니다. 하나님의 예정하심은 예정된 그 사람이 이 땅을 살아가는 과정에서 스스로 증명됩니다. 자유로운 의지를 가지고 결정하는 것처럼 보이는 일 하나하나에도 예정의 흔적이 있습니다. 문제가 많고 앞으로도 문제를 많이 일으킬 야곱이지만, 그는 형 에서와 다른 중요한 차이가 하나 있습니다. 바로 '보이지 않는 것'에 대한 하나님의 약속을 믿고, 그 약속이 성취될 것을 소망한 것입니다.

> 믿음은 바라는 것들의 실상이요 보이지 않는 것들의 증거니…믿음으로 야곱은 죽을 때에 요셉의 각 아들에게 축복하고 그 지팡이 머리에 의지하여 경배하였으며(히 11:1, 21).

> 우리가 소망으로 구원을 얻었으매 보이는 소망이 소망이 아니니 보는 것을 누가 바라리요(롬 8:24).

지금까지 이 땅에서 사는 성도의 삶을 아주 간단하게 요약해 봤습니다. 성도란 "주님이 우리에게 이미 주신 약속을 믿고(과거), 그 약속하신 바를 이루실 주님을 소망함으로(미래), 오늘 우리에게 주어진 삶을 사랑으로 살아가는(현재) 사람들"입니다. 성도의 현재 삶은 과거와 미래를 무엇으로 바라보는지에 따라 달라집니다. 현재를 (주님이 주시는 사랑으로) 하나님과 나 자신과 공동체와 이웃을 사랑하며 사는 사람, 즉 참된 성도는 반드시 과거에 대한 믿음과 미래에 대한 소망에 둘러싸여 있어야 합니다. 그런데 하나님께서 주신 약속에서 비롯된 믿음과 소망의 특징은 '보이지 않음'입니다.

믿음도 소망도 보이지 않습니다. 성도가 믿는 것도, 소망하는 것도 모두 '보이지 않는 약속'이란 말입니다. 성도는 온통 보이지 않는 것 가운데서 살아갑니다. 즉 성도란 보이지 않는 것을 믿고, 보이지 않는 것을 소망함으로 오늘 우리의 '보이는 삶'을 '사랑'이라는 방식으로 사는 사람들인 것입니다.

앞서 언급한 마시멜로 실험은 이후에 추가 연구가 많이 이어졌습니다. 처음에는 어린이들이 자기통제 능력, 유혹을 참는 능력이 성공의 중요한 요소라고만 정리되었습니다. 그런데 연구가 진행되면서 이런 질문이 추가되었습니다. "어떤 어린이가 달콤한 마시멜로의 유혹을 이길 수 있는 자기 통제 능력을 발휘했는가?" 결과는 규칙을 설명한 어른을 신뢰한 어린이였습니다. 실험 결과의 핵심 요인은 어린이의 참을성 문제가 아니라 어른의 말을 얼마나 믿느냐 하는 신뢰의 문제였습니다. 평소 어른을 신뢰하는 어린이는 연구자의 말을 믿었기 때문에 15분 동안 참을 수 있었고, 그렇지 못한 어린이는 그 상황에서 재빨리 눈에 보이는 마시멜로를 먹어 치웠습니다.

하나님께서 우리를 사랑하신다는 것을 믿으십니까? 하나님께서 우리에게 영원한 나라를 주실 것을 신뢰하며 소망하십니까? 보이지 않고 볼 수 없지만, 그것이 실제로 우리 삶 가운데 이루어졌고 앞으로도 이루어질 것을 아십니까? 눈에 보이는 것만 중요하다고 말하는 이 세상에서 보이지 않는 것을 믿으실 수 있기를 축원합니다. 이 모든 '보이지 않는 것'을 약속하신 분을 믿으시기 바랍니다. 약속하신 분을 신뢰함으로 오늘 우리 눈앞에 펼쳐진 세상의 수많은 유혹을 넘어 그분의 상을 받는 자리까지 나아가는 성도가 되시기를 축원합니다.

나눔과 적용

1. 태어날 때부터 달랐던 쌍둥이 형제는 자라며 그 차이가 더 확실해집니다. 다음의 내용을 정리해 보십시오(24-34절).

   - 각각의 성향과 성격:
   - 가정 내 역학관계:

2. 에서와 야곱의 성향에 따른 부모의 어긋난 사랑이 두 자녀에게 어떤 영향을 미쳤을까요?(27-28절)

3. 팥죽 사건에서 장자의 명분을 대하는 에서와 야곱의 태도는 어떻게 달랐습니까?(29-34절) 이를 성경 기자는 어떻게 해석합니까?(34절)

4. 성도란 무엇입니까? 나는 성도로서 '보이지 않는 것'의 가치를 알고, 그에 따라 움직이는 사람입니까?(히 11:1, 롬 8:24, 고전 2:9)

3
속이려는 자와 속지 않으려는 자

(창 27:18-29)

속이려는 자와 속지 않으려는 자

영화의 다양한 장르 중에 첩보물이 있습니다. 전쟁 같은 위기의 상황에서 스파이가 상대방의 진영에 들어가 임무를 수행하며 활약하는 내용을 다룹니다. 이런 영화에서 주인공의 연기 핵심은 얼마나 상대방을 잘 속이는가에 있습니다. 잘 속이는 자만 살아남습니다. 주인공 반대편에 있는 자의 특징 또한 하나입니다. 절대로 속지 않으려고 최선을 다합니다. 첩보물에서는 총이나 칼을 쓰는 것만큼이나 머리를 써서 얼마나 상대방을 속이거나 속지 않는지가 중요합니다. 관객은 그 두뇌 싸움에 참여해 스릴을 느낍니다.

속고 속이는 스토리가 국가 이익을 위한 첩보물이나 범죄조직에 숨어든 비밀경찰 이야기라면, 우리는 속이는 자가 정말 잘 속일 수 있기를 바라며 영화를 보게 됩니다. 반대로 속이려는 자가 나쁜 사기꾼이라면 우리는 저 순진해 보이는 주인공이 속지 않으면 좋겠다는 마음으로 영화를 봅니다. 요즘은 워낙 영화를 꼬아서 만들기 때문에 주인공이 속이는 데는 성공했지만 결과적으로는 더 불행해지는 스토리도 있습니다. 두 사람이 친밀한 사이, 이를테면 연인이나 가족인 경우가 그렇습니다. 속이는 데 성공했지만, 결과적으로 사랑과 신뢰의 관계가 허물어져 비극을 맞이합니다.

이제 우리는 성경의 수많은 이야기 중에서 가장 재미있고 긴장감 넘치는 이야기를 살펴보려 합니다. 이 부분을 떼어 연극이나 영화를 만들어도 좋을 것 같습니다. 여기에는 속이려는 자 야곱과 어머니 리브가가 나오고, 속지 않으려는 자로 아버지 이삭이 등장합니다. 이들의 두뇌싸움이 치열합니다. 성경은 꽤 많은 분량을 할애하여 이 과정을 치밀하게 묘사하고 있습니다. 이야기 자체만 보면 재미있지만 그 결말은 비극입니다. 두 주인공, 즉 속이려는 자와 속지 않으려는 자가 아버지와 아들 사이이기 때문입니다.

이런 이야기가 왜 이렇게 자세하게 성경에 기록되었을까요? 성경은 재미를 주기 위해 쓰인 책이 아닙니다. 그렇다고 이 이야기가 교훈적이지도 않습니다. 이스라엘 백성의 시조라 할 수 있는 야곱의 거짓말과 사기 행각은 후손의 존경을 살 만한 것이 아닙니다. 오늘을 사는 우리가 이 이야기에서 직접 뭔가를 배우기도 쉽지 않습니다. 재미는 있지만 왜 있어야 하는지 모르겠는 이야기, 이 장에선 바로 그 '아버지를 속이는 야곱'의 이야기가 우리에게 주는 메시지를 살펴보겠습니다.

이삭을 속이는 리브가와 야곱

아버지 이삭을 속여 장자의 축복을 받아 내는 이야기는 성경 전체에서도 꽤 긴 분량에 해당합니다. 간단하게 정리해 보겠습니다.

창세기 27장 1절은 "이삭이 나이가 많아 눈이 어두워 잘 보지 못하더니"로 시작됩니다. 눈이 침침해 앞이 잘 보이지 않게 된 이삭은 앞으로 살날이 얼마 남지 않았다는 생각을 합니다. 그는 맏아들 에서를 불러서 장자의 축복을 줄 테니 먼저 자신을 위해 사냥을 해오라고 시킵니다. 평소에서가 사냥해 온 음식을 좋아했는데 그 음식을 먹으며 기쁜 마음으로 맏아들을 축복하려 한 것이지요.

이 장면에서 둘째 아들 야곱을 더 사랑하는 어머니 리브가가 변수가 됩니다. 리브가는 에서가 사냥하러 나간 사이에 야곱에게 곧 일어날 일에 대해 말합니다. 그러고는 염소 새끼 두 마리를 잡아오면 아버지가 좋아하는 별미를 만들어 줄 테니 형 대신에 들어가 장자의 축복을 받으라고 권합니다. 야곱은 처음에는 주저하는 듯했으나 결국 어머니의 말대로 형 대신에 장자의 축복을 받기 위해 사기극에 동참합니다.

야곱은 아버지가 확인할 것을 대비해 형의 옷을 입고 형의 특징인 털을 대신할 거친 염소 털을 자신의 손과 목에 붙였습니다. 철저하게 아버지를 속일 준비를 한 것입니다. 그러나 이삭은 에서 대신에 들어온 야곱과 대화를 하다가 뭔가 이상한 점을 느낍니다. 그는 몇 차례나, 정확히는 다섯 번이나 지금 자기 앞에 서 있는 자가 에서가 맞는지 확인하려 합니다. 절대 속지 않겠다는 의지가 보입니다. 그러나 야곱은 모든 시험을 통과하고 장자의 축복을 받아 내는 데 성공합니다.

야곱이 축복을 받고 나가자마자 에서가 사냥해 온 짐승

으로 별미를 만들어 들어옵니다. 이내 동생 야곱이 자신이 받을 장자의 축복을 속임수로 가로챘다는 사실을 알게 되지요. 에서는 축복을 도적질 당했다고 분노하며 아버지에게 축복을 번복해 달라 요구하지만 이삭은 거절합니다. 에서는 동생 야곱을 죽이겠다고 다짐하고, 이를 알게 된 리브가가 야곱을 먼 친척집으로 보냅니다. 야곱은 그 길로 집을 떠나야 했고, 이후로 20년간 집에 돌아가지 못합니다. 장자의 축복을 받았지만 그로 인해 집을 떠나 긴 시간 외지에 사는 신세가 되었습니다. 누구 하나 행복한 사람이 없는 결말입니다.

저는 이 이야기에서 가장 큰 비중을 차지하는 두 인물 이삭과 야곱, 속지 않으려 했지만 결국에는 속은 아버지와 아버지를 끝끝내 속여 장자의 축복을 받아냈지만 모든 걸 잃고 집에서 쫓겨난 아들을 중심으로 그들이 그렇게 된 원인과 그에 따른 교훈을 살펴보려 합니다.

속지 않으려는 자 이삭

먼저 이삭과 야곱 사이에 오간 대화를 찬찬히 들여다보겠습니다. 이삭은 자기 방에 들어와 별미를 내놓고 입을 연

아들이 맏아들 에서와 뭔가 다르다는 느낌을 받습니다. 에서와 야곱은 쌍둥이지만 그 모습이 딴판인 이란성 쌍둥이입니다. 아버지가 둘의 다른 분위기를 느끼지 못할 리 없습니다. 야곱이 에서 흉내를 내며 "내 아버지여"라고 부르자 이삭은 대뜸 "내가 여기 있노라. 내 아들아, 네가 누구냐?"라고 묻습니다. 야곱은 "나는 아버지의 맏아들 에서로소이다"라고 대답하며 별미를 준비해 왔으니 드시고 장자의 축복을 해달라고 요청합니다.

수상함을 느낀 이삭은 추가로 질문합니다. "내 아들아, 네가 어떻게 이같이 속히 잡았느냐?" 지금 밖에 나가 사냥을 해서 별미를 만들어 오기엔 너무 이르지 않느냐는 뜻입니다. 혹시 다른 걸 가져온 게 아니냐는 것이지요. "너 정말 에서가 맞느냐?"라고 우회적으로 묻는 것입니다. 야곱은 하나님께서 짐승을 빨리 잡을 수 있게 해주었다고 거짓말을 합니다. 그래도 이삭은 의심을 거두지 않고 노골적으로 야곱을 확인합니다.

> 이삭이 야곱에게 이르되 내 아들아 가까이 오라 네가 과연 내 아들 에서인지 아닌지 내가 너를 만져 보려 하노라(창 27:21).

아무리 생각해도 에서가 아닌 것 같으니 만져 봐야겠다는 것입니다. 태어날 때부터 온몸에 털이 무성했으니 털의 유무로 에서인지 확인하겠다는 것입니다. 야곱은 이 순간에도 당황하지 않습니다. 아버지가 만져 볼 만한 손과 목 부위를 이미 염소 털로 덮었기 때문입니다.

²² 야곱이 그 아버지 이삭에게 가까이 가니 이삭이 만지며 이르되 음성은 야곱의 음성이나 손은 에서의 손이로다 하며 ²³ 그의 손이 형 에서의 손과 같이 털이 있으므로 분별하지 못하고 축복하였더라(창 27:22-23).

이삭은 야곱의 손을 만졌고 털이 있음을 확인했습니다. 그러나 이런 말을 합니다. "음성은 야곱의 음성이나 손은 에서의 손이로다." 정말 에서가 맞는지 재차 확인하는 것입니다. 이에 야곱은 아무 말도 하지 않습니다. 이삭은 이 정도로 확인한 후 앞에 서 있는 아들을 축복할 준비를 합니다. 야곱은 이제 비로소 축복을 받겠구나 싶었을 것입니다. 그런데 이삭은 그렇게 끝내지 않습니다.

이삭이 이르되 네가 참 내 아들 에서냐 그가 대답하되 그러하니이다(창 27:24).

이삭이 축복을 하려다 말고 갑자기 한 질문입니다. 상대방이 안심할 것 같은 상황에서 불시에 묻습니다. "네가 참 내 아들 에서냐?" 여기에 '참'이라는 말이 붙은 건 아무리 생각해도 가짜 같다는 의미입니다. 이 순간에도 야곱은 태연하게 대답합니다. "그러하나이다." 이삭은 여전히 자기 앞에 있는 이 사람이 정말 에서인지 확신이 들지 않습니다. 그래서 축복하기에 앞서 가지고 온 별미와 포도주를 먹습니다. 이제 시험이 다 끝난 것 같습니다. 별미와 포도주를 먹은 이삭이 말합니다. "내 아들아 가까이 와서 내게 입맞추라"(창 27:26). 이제는 정말 안전한 것 같습니다. 아버지를 완전히 속였습니다. 그런데 이삭이 예기치 않은 행동을 합니다.

> 그가 가까이 가서 그에게 입맞추니 아버지가 그의 옷의 향취를 맡고(창 27:27).

이삭은 음식을 먹은 후에도 여전히 의심을 거두지 않았습니다. 그래서 체취를 맡으며 마지막 점검을 했습니다. 눈이 보이지 않는 이삭은 귀와 손과 코를 사용하고 계속 질문하는 방식으로 앞에 있는 아들이 정말 에서인지 확인하려 했습니다. 이삭은 허술하지 않았습니다. 그는 속지 않으려고 온갖 방법을 동원하고 최선을 다했습니다. 다섯 가지 이상의 관문을 만들어 통과하게 했습니다. 진짜 에서가 아니라면 통과하기 힘든 관문이었습니다. 그러나 결국 야곱에게 완전히 속아서 그에게 장자의 축복을 하고 맙니다.

이삭은 왜 속았는가?

이삭은 머리가 나쁘지 않았고 자식에게 무심한 사람도 아니었습니다. 그는 장자의 축복을 중요하게 생각했고, 이 축복이 반드시 에서에게 가야 한다고 생각했습니다. 그래서 철저하게 점검하는 과정을 거쳤습니다. 그가 할 수 있는 모든 방법을 동원했습니다. 그러나 결국 아내와 아들에게 속고 맙니다. 이 얼마나 비참한 일입니까? 그 이유를 우리는 알아야 합니다. 열쇠는 1절에 있습니다.

> 이삭이 나이가 많아 눈이 어두워 잘 보지 못하더니(창 27:1).

이삭의 나이가 당시 136세 정도였으니 연로하여 육체적 시력을 잃었다는 뜻으로 이해할 수 있습니다. 그러나 성경에서 '눈이 어두워 잘 보지 못하다'는 말은 영혼의 상태를 설명하는 방식이기도 합니다. 저는 성경이 이삭의 영적 시력이 어두워진 것을 이렇게 표현했다고 생각합니다.

이삭은 아브라함의 약속을 이어받은 사람입니다. 그는 어릴 적부터 하나님께서 아버지 아브라함에게 하신 약속이 무엇인지 듣고 배우고 경험했습니다. 또 25장과 26장의 내용을 보면, 그는 주변의 왕들이 인정할 만큼 '하나님이 함께하시는 사람'으로 정평이 나 있었습니다. 물이 나지 않은 광야에서도 그가 땅을 파기만 하면 물이 나왔습니다. 당시 기준으로 그는 '하나님의 선지자'였습니다. 하나님을 만나고 하나님께 복과 인도를 받으려면 이삭에게 가야 했습니다. 그런 그가 영적 눈이 어두워졌습니다. 이유가 무엇일까요?

별미와 포도주에 마음이 빼앗겼기 때문입니다. 이삭은 에서와 야곱의 사연을 진즉 알고 있었습니다. 야곱이 장자의 축복을 받아야 한다는 것과 그 명분을 어떻게 얻었는지도 정확히 알고 있었습니다. 그런데도 에서에게 장자의 축복을 주려 했습니다. 평소에 에서가 가져다주는 별미가 너무 맛있었기 때문입니다. 그는 여러모로 에서가 마음에 들었습니다. 그래서 하나님의 뜻을 거슬러 에서를 축복하기로 마음먹습니다.

이삭은 자기 앞에 있는 사람이 에서인지 아닌지 확신하지 못했습니다. 영적 눈이 밝았다면 그 상황에서 하나님께 기도를 했을 테지요. 그는 그런 경험이 아주 많습니다. 그가 물으면 하나님께서 대답하셨습니다. 그런데 이 장면 어디에서도 이삭은 기도하지 않습니다. 하나님께 뜻을 구하거나 지금 눈앞에 있는 사람이 누구냐고 하나님께 묻지 않습니다.

왜일까요? 그는 지금 자신이 하려는 축복이 하나님께서 기뻐하시는 것이 아님을 알고 있었기 때문입니다. 괜스레 기도했다가 혹시 하나님께서 이 축복을 막으실까 봐, 자기가 사랑하는 에서가 축복의 대상이 아님을 명확히 말씀하실까 봐 차마 기도하지 못한 것입니다. 대신에 하나님을 제외한 모든 방법을 동원해 자기 앞에 있는 이가 에서인지 확인하려 합니다. 결과는 어떠했습니까? 감쪽 같은 연기로 모든 시험을 통과한 야곱에게 속아 본의 아니게 그를 축복하고 맙니다. 아내와 자식에게 속아넘어 간 비참한 선지자가 됩니다.

한때 하나님께서 들어 사용하시는 위대한 믿음의 사람들이 있습니다. 그런 사람들이 언제부턴가 이해할 수 없는 선택을 하고, 그 선택으로 자신과 자신이 속한 공동체를 무너뜨리는 경우가 있습니다. 왜일까요? 영적 눈이 어두워져서 그렇습니다. 하나님의 뜻에 순종하고 싶은 마음이 없어서 그렇습니다. 자신이 생각하는 바와 원하는 바를 하나님 앞에 내려놓기 싫어서 그렇습니다. 그럴 때 영적 눈이 어두워지고 판단이 흐려집니다. 바둑으로 말하면 두는 돌 하나하나가 악수(惡手)가 됩니다. 과거에 영광스러웠던 것을 한순간에 잃어버리는 신세가 됩니다.

이와 같이 영적 시력 혹은 분별력을 잃어버리면 우리는 비참해질 수밖에 없습니다. 하나님의 뜻을 알아도 그 뜻에 순종하고 싶은 마음이 없는 사람은 얼마 지나지 않아 영적 시력을 잃어버립니다. 일을 하나하나 똑똑하게 처리한 것 같아도 더 똑똑한 사탄이 잘 보이지도 않는 빈틈을 비집고 들어와 공격합니다. 그러면 우리는 비참해집니다. 이삭은 비참해지지 않을 수 있었습니다. 아내와 두 아들을 지킬 수 있었습니다. 눈앞에 서 있는 아들이 누구인지 의심되는 순간, 자신의 지혜와 연륜에 의지하지 않고 하나님 앞에 무릎을 꿇어야 했습니다. 그때만 해도 기회가 있었습니다.

그런데도 이삭은 끝까지 갔습니다. 끝까지 하나님께 묻지 않았습니다. 그 결과 너무 많은 것을 잃어버렸습니다.

사랑하는 성도 여러분, 우리 주님이 주신 아직 남아 있는 기회의 시간에 하나님께 엎드리시기 바랍니다. 내가 붙들고 있고 원하는 것 말고 우리 주님이 원하시는 것이 무엇인지 물으시기 바랍니다. 주님 앞에 엎드려 어두워진 눈이 회복되기를 구하는 성도가 되시기를 축원합니다.

속이는 자 야곱

이제 살펴볼 사람은 야곱입니다. 야곱은 이 이야기에서 속이는 자의 역할을 하고 있습니다. 그는 속지 않으려고 온갖 방법을 동원한 아버지 이삭의 시험을 모두 통과해 결국 장자의 축복을 받아 내는 인물로 묘사되고 있습니다. 어떤 이들은 이 모든 일들이 장자의 축복을 기어코 받고야 말겠다는 야곱의 선한 열정에서 나왔다고 변론합니다. 심지어 마태복음 11장 12절의 말씀을 인용합니다.

> 세례 요한의 때부터 지금까지 천국은 침노를 당하나니 침노하는 자는 빼앗느니라.

천국은 침노하는 자의 것이라는 표현입니다. 야곱은 천국을 상징하는 장자의 축복을 간절히 원했고, 그 축복이 에서에게 넘어가는 걸 보고 가만히 있을 수 없었다는 것이지요. 천국이 '침노하는 자', 즉 쳐들어가는 자의 소유가 되는 것처럼, 아버지를 속여서라도 장자의 축복권을 가져오는 것이 이 상황에선 합당하다는 해석입니다.

그러나 이는 마태복음 11장 12절의 원뜻을 정반대로 해석한 것입니다. 일단 같은 상황에서 예수님께서 하신 말씀이 담긴 누가복음 16장을 봐도 '천국을 빼앗기 위해 돌격하는 성도'에 대한 이야기는 없습니다. 마태복음 11장 12절의 바른 해석은 "복음이 사람들에게 선포되어, 그 복음에 사로잡힌 사람들이 하나님 나라로 마치 침공하듯 달려 들어간다"입니다. 속임수나 사기 또는 무력으로 그 나라에 들어간다는 것이 아니라, 복음이 주체가 되어 복음의 능력으로 사람들이 하나님 나라에 쏟아져 들어가게 만든다는 의미입니다.

천국은 절대 야곱의 방법으로는 들어갈 수 없습니다. 사기 치고 속임수 쓰고 머리를 잘 굴려서 들어갈 수 있는 나라가 아닙니다. 어머니와 모의하고 아버지를 속여서 빼앗을 수 있는 나라, 인간이 자기 힘과 능력으로 쳐들어가 얻을 수 있는 나라가 아닙니다. 야곱을 바르게 해석하려면 중요한 원칙이 있는데, 일단 사건을 편견 없이 그 자체로 봐야 합니다. 그러면 야곱의 말과 행동이 눈에 들어옵니다. 그의 말과 행동을 편견 없이 해석하면 결론은 하나입니다. "야곱은 진짜 나쁜 놈이다." 그가 얼마나 '나쁜 놈'인지 보겠습니다.

> ¹¹ 야곱이 그 어머니 리브가에게 이르되 내 형 에서는 털이 많은 사람이요 나는 매끈매끈한 사람인즉 ¹² 아버지께서 나를 만지실진대 내가 아버지의 눈에 속이는 자로 보일지라 복은 고사하고 저주를 받을까 하나이다(창 27:11-12).

리브가가 아버지를 속이자고 할 때 야곱은 위와 같이 대답합니다. "어머니, 어떻게 아버지를 속입니까? 그러면 안 됩니다"라고 말해야 하는 상황에서 한 대답입니다. 야곱을 청소년이나 청년 정도로 오해하는 분들이 많은데, 이 사건 당시 야곱의 나이는 76세입니다. 그는 아이가 아닙니다. 청년도 아닙니다. 엄마가 시킨다고 그냥 따르는 미성년자가 아니라는 말입니다. 나이를 먹을 만큼 먹은 그가 어머니에게 한다는 말이 기껏 이렇습니다. "속이다 걸리면 복은커녕 저주받는 건 아닐까요?" 속이는 건 좋은데 혹시 걸려서 아버지의 저주를 받게 되면 어떡하느냐고 묻고 있습니다. 야곱은 어머니가 부추겨서 아버지를 속인 게 아닙니다. 아버지를 속여서라도 장자의 축복을 받고 싶은 건 야곱 자신의 의지였습니다. 어머니는 그런 아들을 보고 답답해 하며 말합니다.

> 어머니가 그에게 이르되 내 아들아 너의 저주는 내게로 돌리리니 내 말만 따르고 가서 가져오라(창 27:13).

어머니가 이런 말을 할 때 아들은 어떻게 반응해야 합니까? "어머니, 그게 무슨 말입니까? 제가 복받으려고 하는 일인데 혹시 저주를 받는다면 제가 받아야죠." 이렇게 말하는 게 당연합니다. 그러나 야곱은 그렇지 않습니다. 어머니의 말이 떨어지자마자 기다렸다는 듯이 움직입니다. 내가 축복을 받을 수만 있다면 어머니가 저주를 받든 말든 상관없다는 태도입니다.

저도 처음에는 리브가가 주범이고, 야곱은 종범인 줄 알았습니다. 야곱은 마마보이여서 엄마가 시키면 생각 없이 시키는 대로 하는 사람인 줄 알았습니다. 그런데 아니었습니다. 야곱은 배후 조종자이고 주범이었습니다. 주변에 피해를 끼치더라도 나는 반드시 복을 받아야겠다는 이기주의자였고, 그것을 위해 어떤 방법도 동원할 수 있는 사람이었습니다. 그러고 보면 이후에 야곱이 이삭의 시험을 어떻게 무사히 통과했는지 알 것도 같습니다.

야곱은 이미 이 일을 계획하고 있었습니다. 그는 오랫동안 형 에서의 목소리를 연습했을 것입니다. 이런 일을 대비하여 다양한 훈련을 했을 것입니다. 아버지의 갑작스러운 질문에도 주저없이 대답하는 야곱을 보십시오. 어떻게 이렇게 빨리 사냥을 했느냐고 물었을 때 그는 거침없이 여호와 하나님의 이름으로 맹세합니다. "아버지의 하나님 여호와께서 나로 순조롭게 만나게 하셨음이니이다"(20절). 준비하지 않고선 갑자기 이렇게 멋진 거짓말이 나올 수 없습니다. 야곱은 떨지 않습니다. 오래 연습했기 때문입니다. 그는 이 상황에서 아버지 이삭이 할 만한 말과 행동을 예측하고 있습니다. 마지막 순간에 입맞추기 위해 다가오라고 할 때 자기를 붙들고 옷자락의 냄새를 맡을 것이라는 예상까지 했습니다. 그는 눈먼 아버지를 속일 만반의 준비를 하고 그 자리에 섰던 것입니다.

야곱이 믿음이 좋아 이런 일을 벌인 게 아닙니다. 그는 믿음이 없었습니다. 여호와 하나님이 살아계신 분이며 말씀하신 바를 스스로 이루실 것이라는 믿음이 없었습니다. "하나님의 약속은 너무 더디게 성취된다. 나는 그것을 기다릴 만큼 여유롭지 않다. 나의 힘과 능력과 지혜와 기술을 사용해 하나님이 나를 위해 준비하신 것들을 직접 가져오겠다." 이것이 야곱의 마음입니다. 그래서 그는 장자의 명분을 팥죽과 바꾸는 거래를 했고, 형 에서의 축복을 빼앗기 위해 아버지 이삭을 속였습니다. 이 모든 선택과 행동을 보면 야곱이 믿음의 조상이 되기에 얼마나 부적합한 자인지 확인할 수 있습니다.

이것은 믿음에서 비롯된 행동이 아닙니다. 그냥 그의 기질이 그렇습니다. 그는 2등이 되는 게 싫었습니다. 자기 몫을 반드시 챙기고 마음먹은 건 무슨 일이 있어도 해내야 직성이 풀리는 사람입니다. 가끔 하나님을 믿는 것처럼 보이고 신앙적으로 말하고 행동할 때도 있습니다. 기도는 또 얼마나 잘하는지 모릅니다. 그런데 정작 어떻게 살 것인지 정할 때는 하나님의 뜻대로 하는 게 없습니다. 그냥 태어난 대로 사는 사람입니다.

이런 야곱의 모습에서 저 자신을 봅니다. 저는 하나님을 믿습니다. 그런데 하나님께서 행하시는 방법은 제가 생각하기엔 너무 느립니다. 제 생각에 더 빠르고 더 정확한 방법이 있는데, 하나님께서 그 길로 인도하시지 않는 것 같을 때가 있습니다. 돌고 도는 길 같고, 때론 정말 하나님께서 인도하시는 건지 회의가 들 때도 있습니다. 그럴 때면 그냥 제 생각과 기질과 경험을 따라 살고 싶습니다. 신앙이 어렸을 때의 이야기냐고요? 그렇지 않습니다. 신앙생활을 꽤 오래했는데도 내 생각과 계획이 하나님의 방식보다 더 나은 게 아닌지 생각하는 제가 여전히 제 안에 있습니다.

야곱을 향한 하나님의 계획

야곱은 '나쁜 놈'입니다. 장자의 복을 사모하는 신실한 믿음의 사람이 아닙니다. 그는 자기 기질대로 살며 자기 이익을 위해서라면 아버지를 속이고 형을 배신하며 어머니가 저주받아도 상관없다고 생각하는 탁월한 사기꾼입니다. 그러한 야곱은 하나님의 뜻이나 계획, 방식에는 관심이 없고 그분의 복만 받기를 원하는 우리의 모습이기도 합니다. 정도의 차이는 있을지 몰라도 우리는 지독하게 야곱을 닮아 있습니다.

감사하게도 이러한 야곱을 하나님께서 창세전에 점찍으

셨습니다. 그를 '이스라엘'로 만들기로 작정하셨습니다. 그리고 야곱의 인생 전체를 통해, 그 주변에 일어나는 모든 것들을 사용해 그 일을 이루어 가십니다. 그 하나님의 손이 오늘을 살고 있는 우리 위에도 있음을 믿습니다. 야곱을 빚으시는 손이 우리 또한 빚어 가실 것을 신뢰하는 믿음입니다. 우리가 새로워질 수 있는 유일한 근거는 하나님의 약속에 있습니다. 우리 주님이 주시는 약속을 신뢰함으로 끝까지 주님과 함께 그분의 손길에 빚어져 가는 인생이 되시기를 축원합니다.

나눔과 적용

1. 야곱은 어머니 리브가의 도움을 받아 아버지 이삭을 완전히 속여 장자의 축복을 받아 냅니다(18-29절). 이들 모자는 이삭을 속이기 위해 무슨 행동을 합니까?

   이삭은 속지 않으려고 어떤 행동을 취합니까? 그러나 결국 속아 야곱에게 장자의 축복을 합니다. 그가 속은 이유는 무엇입니까?

2. 이삭은 에서로 변장한 야곱에게 어떤 축복을 합니까?(27-29절)

3. 야곱은 장자의 축복을 받는 데 성공하지만 그 일로 집에서 쫓겨나듯 피신해야 했습니다(41-45절). 이는 자기 노력과 술수로 빼앗은 장자의 축복은 효력이 없음을 보여 줍니다. 야곱이 하나님의 약속을 진정으로 믿었다면 어떤 선택을 해야 했을까요?

4. 영적 눈이 멀어 잘못된 선택을 한 이삭과 하나님을 신뢰하지 못해 불법을 행한 야곱의 이야기에서 오늘날 우리가 얻을 수 있는 교훈을 나눠 보십시오.

4
끊을 수 없으리라

(창 28:1-22)

바뀌는 것과 바뀌지 않는 것

사람은 바뀌는 존재일까요 바뀌지 않는 존재일까요? 대학교 1학년 방학 때 초등학교 6학년 동창회를 한다는 연락을 받았습니다. 아주 오랜만에 초등학교 동창들과 선생님을 만났습니다. 동창회에서 즐거운 시간을 보내고 돌아오는 길에 불현듯 생각난 게 있었습니다. 7년이라는 시간이 지났는데도 친구들이 별로 변한 게 없더라는 것입니다. 초등학교 때 늘 제 옆에 와서 남이야 듣든 말든 자기 이야기만 늘어놓던 친구는 여전히 저를 보자마자 제 옆에 앉아 별로 듣고 싶지 않은 이야기를 풀어놓았습니다. 초등학교 때 연신 코를 파던 친구는 이제 어엿한 대학생인데도 자주 코에 손을 댔습니다. 초등학교 때 자기 집이 부자라고 자랑하고 다니던 친구는 최근에 산 차를 자랑하고 있었습니다. 외모가 달라져 완전히 다른 사람이 된 줄 알았는데 알고 보니 달라진 게 거의 없었습니다.

청소년기라는 격변의 시기를 지나면서도 친구들은 별로 바뀌지 않았습니다. 하물며 성인이 된 사람은 어떨까요? 인격이 형성되는 시기를 통과하여 더이상 성장하지 않는 사람들, 즉 장년들에게 과연 혁신적 변화가 일어날 수 있을까요? 어른이 되면 사람이 달라지기가 어렵습니다. 이미 많은 것을 어떻게 생각하고 선택할지가 마음속에 정해져 있기 때문입니다. 그런데 가끔 부정적으로나 긍정적으로 확연하게 변화된 사람들을 봅니다. "사람이 달라졌다!"라는 말이 절로 나올 만큼 변화를 보이는 사람들입니다. 도대체 무엇이 다 성장한 사람을 그렇게 바꿔 놓았을까요?

장성한 이들을 확 달라지게 만드는 것 중 하나가 외부 또는 내부의 충격입니다. 자신이 감당할 수 없을 정도로 엄청난 스트레스를 겪고 나면 사람이 달라집니다. 사랑하는 이와 사별하거나 퇴직했을 때, 이해할 수 없는 사회악에 직면했을 때 사람은 그 충격을 이기거나 잊기 위해 달라집니다. 그 변화는 긍정적일 수도 부정적일 수도 있지만 아무튼 충격은 사람을 바꿔 놓는 힘이 있습니다.

우리가 지금 살펴보고 있는 야곱은 하나님의 손 안에서 전혀 다른 존재로 변화된 대표적 인물입니다. 이 장에서는 창세기 28장에 나오는 벧엘 이야기를 들여다보며 "사람이 변화되는 것이 가능한가? 변화된다면 과연 무엇으로 인해 변화되는가?"라는 질문의 답을 찾아가 보겠습니다.

이삭의 변화: 큰 두려움 앞에서

본문에 등장하는 주요 인물은 세 명입니다. 야곱의 아버지 이삭(아브라함의 독자)과 이삭의 맏아들이자 야곱의 쌍둥이 형 에서, 그리고 주인공 야곱입니다. 창세기 27장과 28장을 보면, 그들은 인생에서 충격적인 사건을 경험하고 그 여파로 삶의 모습이 이전과 달라집니다. 각자에게 어떤 변화가 일어났는지 한 명씩 살펴보겠습니다.

27장에서 둘째 아들 야곱은 아버지 이삭을 속여 장자의 축복을 받는 사기 사건을 일으킵니다. 둘째 아들과 어머니가 공범이 되어 눈먼 아버지를 속인 사건입니다. 속지 않으려고 여러 준비를 했던 아버지 이삭이 완벽하게 속아넘어갔습니다. 장자의 축복을 받기로 했던 맏아들 에서는 그만 기회를 잃어버렸습니다.

이것은 단순히 한 가정에서 일어난 웃지 못할 에피소드가 아닙니다. 이것은 중대한 범죄입니다. 이삭은 족장이었습니다. 아버지 아브라함 시대에 싸울 수 있는 남자만 318명이 있었던 것을 보면 이삭은 지금 고대사회의 작은 왕이라고 봐도 됩니다. 에서는 그런 왕 또는 족장의 후계자가 될 수 있는 명분과 축복을 속임수라는 비열한 방법으로 빼앗긴 것입니다. 족장으로서 이삭은 분노할 수 있습니다. 에서가 화를 내는 게 당연합니다.

결국 이 사건은 그 집안에 엄청난 위기를 가져옵니다. 형 에서가 아버지 이삭이 죽은 후에 "야곱을 죽이겠다"고 공언했기 때문입니다. 그때 아버지 이삭이 주도적으로 움직이기 시작합니다.

> 이삭이 야곱을 불러 그에게 축복하고 또 당부하여 이르되 (창 28:1).

이삭이 야곱을 불렀습니다. 기대되는 반응은, 야곱을 혼내고 저주하며 장자의 축복을 반환토록 하는 것입니다. 그러나 이삭은 그렇게 하지 않습니다. 도리어 야곱을 축복하며 결혼에 관한 조언을 합니다. "네 외삼촌 라반의 딸 중에서 아내를 맞이하라"(창 28:2). 그러고는 야곱이 속임수로 얻은 장자의 축복이 어떤 의미인지 하나하나 풀어서 가르칩니다.

> ³ 전능하신 하나님이 네게 복을 주시어 네가 생육하고 번성하게 하여 네가 여러 족속을 이루게 하시고 ⁴ 아브라함에게 허락하신 복을 네게 주시되 너와 너와 함께 네 자손에게도 주사 하나님이 아브라함에게 주신 땅 곧 네가 거류하는 땅을 네가 차지하게 하시기를 원하노라(창 28:3-4).

이것은 육체의 눈과 함께 영적 눈이 멀어 별미를 조건으로 장자의 축복을 하려 했던 이삭에게 기대할 수 없었던 변화입니다. 이삭은 하나님께서 둘째 아들 야곱을 장자에서보다 더 중요하게 생각하신다는 것을 예언으로 들었습니다. 장자의 권리도 축복도 다 야곱에게 줘야 한다는 것을 알고 있었습니다. 하지만 에서를 너무나 사랑했기 때문에 잠깐 하나님의 뜻을 무시해서라도 그에게 장자의 축복을 하려 했습니다. 그런데 본문을 보면, 이삭은 아버지인 자신을 속이고 장자의 축복을 훔쳐 간 야곱을 진심으로 축복하고 있습니다. 이삭의 중심에 엄청난 변화가 일어난 것입니다.

이삭이 이렇게 변한 이유가 무엇일까요? 자신에게 일어난 사건을 통해 큰 충격을 받고 깨달은 바가 있기 때문입니다. 야곱이 이삭을 완벽하게 속이고 축복을 받아 간 후, 에서가 이삭에게 줄 별미를 가지고 들어와 별미를 먹고 자신을 축복해 달라고 요청합니다.

> ³² 그의 아버지 이삭이 그에게 이르되 너는 누구냐 그가 대답하되 나는 아버지의 아들 곧 아버지의 맏아들 에서로소이다 ³³ 이삭이 심히 크게 떨며 이르되 그러면 사냥한 고기를 내게 가져온 자가 누구냐 네가 오기 전에 내가 다 먹고 그를 위하여 축복하였은즉 그가 반드시 복을 받을 것이니라(창 27:32-33).

야곱에게 속았음을 알게 된 순간, 이삭은 심히 크게 떨며 "나는 너를 축복할 수 없다. 모든 장자의 축복을 야곱이 받았고, 그 일은 번복될 수 없다"라고 에서에게 말합니다. 성경의 저자이신 성령님은 이 부분에서 이삭이 놀라는 모습을 "심히", "크게", "떨었다"라는 용어로 표현하고 있습니다. 원어의 의미를 그대로 살리자면, 이삭은 매우 극렬하게 경련을 일으켰습니다.

이삭은 왜 그렇게 놀란 걸까요? 왜 야곱이 속임수를 써서 받아 간 축복을 무효화하지 않을까요? 왜 에서를 다시 축복하지 못한 걸까요? 어떤 사람은 그 당시에 축복과 저주는 한번 입 밖에 내면 그 효력을 번복할 수 없기 때문이라고 말합니다. 그러나 성경도 세상의 법도 계약은 적법한 과정을 전제합니다. 불법으로 받은 서명이 효력이 없는 것과 같습니다.

더욱이 이 일은 둘째 아들 야곱의 명백한 사기 행각입니다. 잘못 진행된 축복이나 계약 과정은 적법한 절차를 밟아 파기할 수 있습니다. 다시 말해 이삭은 야곱에게 했던 축복을 파기하고 에서를 다시 축복할 수 있는 권한이 있었습니다. 그럼에도 번복하지 않습니다. 오히려 에서로부터 야곱을 보호합니다. 왜 그는 70년이 넘도록 편애해 온 맏아들 에서에게서 눈을 돌려 자신을 속이고 축복을 빼앗아 간 사기꾼 둘째 아들 야곱을 보호하게 된 것일까요?

이삭은 에서에 대한 사랑 때문에 수십 년 동안 눈이 멀어 있었습니다. 그는 에서를 축복하기 위해 자기 앞에 복

받으러 온 자를 철저하게 확인했습니다. 그가 할 수 있는 일은 다했습니다. 다가온 자의 목소리를 주의 깊게 들었고, 손과 목을 만져 봤습니다. 축복하는 중간에 갑작스럽게 "너는 누구냐?"라는 질문도 했고, "입맞추라"고 명한 후 그 자의 품에 코를 대고 냄새까지 맡아 봤습니다. 눈먼 인간이 할 수 있는 방법을 총동원해 자기 앞에 서 있는 자가 맏아들 에서라는 확신이 든 다음에야 축복했습니다. 그는 절대 속지 않으려고 했습니다.

그런데 그 모든 시험을 통과하고 야곱이 장자의 축복을 받아 버렸습니다. 나중에 에서가 별미를 들고 들어와 축복해 달라는 말을 들은 순간, 이삭은 모든 게 뒤집혔고 자신이 속았음을 확인했습니다. 그 순간 그는 두 아이가 리브가의 태중에 있을 때 하나님께서 "큰 자가 어린 자를 섬기리라"(창 25:23)고 하신 말씀이 생각났습니다. 그때 이삭의 눈이 열리고 모든 사건의 배후에 '말씀하신 것을 친히 지키시는 여호와 하나님'이 계심을 보았습니다. 자신을 속인 이가 야곱이 아니라 하나님이심을 인정한 것입니다. 에서를 향한 사랑 때문에 하나님의 뜻에 불순종하려 했던 자신을 보고 계시는 하나님을 본 것입니다. 하나님을 본 이삭은 심히 놀랐고 경련을 일으킬 정도로 두려워합니다. 자신이 무얼 하려 했는지 깨달았기 때문입니다. 비로소 그는 정신을 차리고 하나님의 사람으로서 자신이 해야 할 역할, 즉 야곱의 축복을 완성하는 일을 돕습니다.

사랑하는 성도 여러분, 사람이 언제 변화됩니까? 하나님을 만날 때 변화됩니다. 하나님께서 내 일상에 함께하심을 확인할 때 사람이 달라집니다.

어떤 사람이 하나님과 아무 상관없이 하루하루를 삽니다. 그런데 어느 날 특정한 사건을 경험하며, 그 일 가운데 도무지 이해할 수 없는 뭔가가 있음을 느낍니다. 그 사건 속에서 '말씀하신 것을 반드시 이루시는 하나님'을 봅니다. 내 삶을 관통하여 결국 '말씀을 성취하시는 하나님의 능력과 역사'를 경험합니다. 하나님이 저 멀리 계신 분이 아니라 바로 지금 내 앞에 계시는 분임을 경험합니다. 그럴 때 그 사람은 변화됩니다.

우리 삶 가운데 찾아와 일하시는 하나님을 만나시기 바랍니다. 하나님께서 우리 성도의 삶 속에 함께하심을 보여 주시기 바랍니다. 그 주님을 만나서 떨며 주님의 뜻에 순종하는 성도로 빚어져 가기를 간절히 축원합니다.

에서의 변화: 당황스러운 현실 앞에서

두 번째 주인공은 에서입니다. 에서는 이 모든 상황이 이해되지 않습니다. 아버지가 불같이 화내며 야곱을 불러 야단치고 저주할 줄 알았습니다. 장자의 축복을 회수하여 자기에게 줄 것이라고 생각했습니다. 평소의 아버지라면 당연히 그랬겠지요. 그런데 지금 아버지는 그렇게 하지 않을뿐더러 오히려 야곱을 두둔합니다. 28장을 보면, 이미 주었던 장자의 축복을 보완하여 야곱을 추가로 축복합니다. 에서로선 속이 뒤집힐 노릇입니다.

그는 아버지 때문에 엄청난 충격을 받았습니다. 그리고 고민합니다. 문제의 원인을 알아야 했습니다. 왜 어머니가 자기를 싫어하며, 강력한 지지자였던 아버지마저 사기꾼 동생 편이 된 건지 알아야 했습니다. 그리고 찾아낸 원인이 '부모가 원치 않는 결혼'이었습니다.

> ⁶ 에서가 본즉 이삭이 야곱에게 축복하고 그를 밧단아람으로 보내어 거기서 아내를 맞이하게 하였고 또 그에게 축복하고 명하기를 너는 가나안 사람의 딸들 중에서 아내를 맞이하지 말라 하였고 ⁷ 또 야곱이 부모의 명을 따라 밧단아람

으로 갔으며 8 에서가 또 본즉 가나안 사람의 딸들이 그의 아버지 이삭을 기쁘게 하지 못하는지라(창 28:6-8).

"에서가 본즉"(6절). "에서가 또 본즉"(8절). 이런 표현이 반복되는 것은 에서가 뭔가를 깨달았다는 뜻입니다. 그는 '내가 가나안 족속의 딸들, 헷 족속의 딸들과 결혼해서 부모님이 나를 탐탁지 않게 대하는구나'라고 생각했습니다. 에서는 원래 결혼 문제를 진지하게 생각하지 않았습니다. 그는 나이 사십에 결혼할 때가 되어 자기 눈에 좋게 보이는 가나안 족속 여인 두 명과 결혼을 했습니다. 결혼에 관해 부모가 뭐라 하든 신경 쓰지 않았습니다. 시간이 지나면 괜찮아질 것이라고 생각했는지도 모릅니다. 그런데 막상 장자의 축복을 빼앗기고 부모의 태도가 달라진 걸 보니 역시 결혼이 문제라는 생각이 들었습니다.

충격을 받은 에서도 달라지기로 결심합니다. "부모님이 지지하지 않는 결혼을 한 게 문제였어. 부모님이 원하시는 우리 집안 사람 중에서 신부를 데려와야겠다!" 그는 아브라함의 아들 이스마엘의 딸 중 하나인 마할랏을 셋째 부인으로 데려옵니다. 에서는 이제 세 명의 여인을 거느리며 살게 되었습니다. 나중에 창세기 36장을 보면, 에서는 또 결혼을 합니다. 엘론의 딸 아다, 아나의 딸 오홀리바마, 이스마엘의 딸이요 느바욧의 누이 바스맛, 이렇게 셋을 아내로 더 맞이합니다. 여섯 명의 아내와 살기로 선택한 것입니다. 이것이 에서에게 일어난 변화입니다.

에서는 장자 축복 사건으로 큰 충격을 받았습니다. 뭔가 변화가 필요하다는 걸 알았습니다. 나름대로 고민하고 문제를 해결할 방법도 찾아서 실천했습니다. 그러나 아내의 수가 늘었다는 것 말고는 변한 게 없습니다. 에서는 이 사건 뒤에서 일하고 계시는 하나님을 보지 못했습니다. 그의 눈에는 모든 게 사람 대 사람의 일이었고, 그는 눈이 보이는 현상이 전부라고 생각했습니다.

에서도 분명 태중에 있을 때 하나님께서 하신 말씀을 들었을 텐데 전혀 하나님께 관심을 돌리지 않았습니다. 그는 '하나님이 없다'고 생각한 자입니다. 존재하지도 않는 하나님이 무슨 일을 하겠습니까? 그러니 장자의 축복이 동생에게 넘어간 상황을 보고도 '아버지와 어머니가 내가 한 결혼 때문에 나를 싫어하시나보다" 정도밖에 생각하지 못한 것입니다.

에서는 이 모든 상황을 움직이고 계시는 하나님을 전혀 인식하지 못했습니다. 믿지 않는 하나님이 일하실 리 없는 까닭입니다. 에서의 마음은 전혀 바뀌지 않습니다. 그는 하나님에게 관심이 없었고, 하나님께서 약속하신 영원한 보이지 않는 상에도 관심이 없습니다. 그에게 필요한 건 장자의 축복으로 받는 두 몫의 유산뿐입니다. 그 결과 하나님을 만나고 하나님의 뜻에 순종할 수 있는 기회를 또 이렇게 날려 버립니다.

성도 여러분, 우리의 일상에서 일어나는 수많은 일들을 유심히 보십시오. 같은 것을 봐도 사람마다 눈에 들어오는 것이 너무나 다를 때가 많습니다. 하나님의 세계를 전혀 보지 못한 에서는 아무것도 바꾸지 못합니다. 하나님께서 우리 귀한 성도의 눈을 밝히사 눈에 보이는 것을 넘어 우리 가운데 일하시는 하나님을 볼 수 있기를, 그래서 하나님께서 원하시는 대로 나아가는 순종의 사람이 되기를 주님의 이름으로 축원합니다.

나의 실존 야곱

마지막으로 주인공 야곱을 보겠습니다. 부모의 권고를 받은 야곱은 브엘세바를 떠나 하란으로 갑니다. 그는 고향인 브엘세바에서 96킬로미터 떨어진 루스라는 지역의 길에서 잠이 듭니다. 사실 이곳은 하란으로 가는 길이 아니라 산 등성이입니다. 형 에서가 추격해 올까 봐 사람들이 다니지 않는 길을 홀로 걸었던 것 같습니다. 피곤에 지친 야곱이 돌을 베개 삼아 잠들었을 때, 꿈에 찾아오신 하나님을 만납니다.

> 10 야곱이 브엘세바에서 떠나 하란으로 향하여 가더니 11 한 곳에 이르러는 해가 진지라 거기서 유숙하려고 그곳의 한 돌을 가져다가 베개로 삼고 거기 누워 자더니 12 꿈에 본즉 사닥다리가 땅 위에 서 있는데 그 꼭대기가 하늘에 닿았고 또 본즉 하나님의 사자들이 그 위에서 오르락내리락 하고 (창 28:10-12).

어떤 이는 야곱이 꿈이라는 신령한 방법으로 하나님을 만난 것에 많은 의미를 부여합니다. 그러나 노골적으로 말해, 야곱이 하도 기도를 하지 않으니 하나님께서 그의 꿈에 나타나신 게 아닐까요? 야곱은 이제껏 아브라함과 이삭이 쌓았던 단을 쌓은 적이 없습니다. 그는 한번도 기도하지 않았습니다. 그러니 영적 감각이 있을 리 없습니다. 그래서 하나님께서 그에게 자신을 드러내 보이실 방법이 없어 꿈에 나타나신 것입니다.

주변에 "꿈에서 하나님이 말씀하셨다"라고 주장하거나 "환상 중에 주님을 뵈었다"라고 말하는 사람이 있습니까? 그를 신뢰하지 마십시오. 그가 얼마나 맨정신으로는 하나님을 만날 수 없는 사람인지를 증명하는 것이니까요. 평소에 얼마나 하나님과 관계가 없었는지, 얼마나 훈련되어 있지 않은지를 보여 주는 것입니다. 하나님께서 너무 안타까워 찾아오신 것이지 그가 뭔가를 특별히 잘해서 찾아오신 것이 아닙니다.

본문에 나오는 사닥다리가 무엇인지는 정확하지 않습니다. 계단이라는 표현이 더 적절하다고 합니다. 그 끝은 하늘에 닿아 있습니다. 천사들이 그 계단으로 이동했고, 계단 꼭대기에 계신 여호와께서 말씀하십니다.

> ¹³ 또 본즉 여호와께서 그 위에 서서 이르시되 나는 여호와니 너의 조부 아브라함의 하나님이요 이삭의 하나님이라 네가 누워 있는 땅을 내가 너와 네 자손에게 주리니 ¹⁴ 네 자손이 땅의 티끌같이 되어 네가 서쪽과 동쪽과 북쪽과 남쪽으로 퍼져나갈지며 땅의 모든 족속이 너와 네 자손으로 말미암아 복을 받으리라 ¹⁵ 내가 너와 함께 있어 네가 어디로 가

든지 너를 지키며 너를 이끌어 이 땅으로 돌아오게 할지라 내가 네게 허락한 것을 다 이루기까지 너를 떠나지 아니하리라 하신지라(창 28:13-15).

하나님께서 야곱에게 세 가지를 약속하십니다. 첫째는 땅을 주시겠다는 것이고, 둘째는 네 자손으로 민족을 만드시겠다는 것이고, 셋째는 너를 지켜 이 땅으로 돌아오게 하시겠다는 것입니다. 그리고 이 약속들이 성취되기까지 절대 "너를 떠나지 아니하리라"고 말씀하십니다.

하나님께서 아브라함과 이삭에게 하셨던 축복을 야곱에게도 하시겠다는 선언입니다. 야곱은 처음으로 하나님을 대면했습니다. 이에 대한 야곱의 반응이 16절에 나옵니다. 그는 하나님의 무소부재하심을 깨닫습니다. 자기가 돌베개를 하고 잔 이곳에도 하나님이 계신 것에 충격을 받습니다. 아버지 이삭처럼 그도 떨며 두려워합니다.

그는 일어나 베개로 사용했던 돌을 세우고 그 위에 기름을 붓습니다. 그가 할 수 있는 약식예배입니다. 그리고 그곳의 이름을 벧엘, 즉 '하나님의 집'이라고 칭합니다. 그런 다음 서원합니다.

²⁰ 야곱이 서원하여 이르되 하나님이 나와 함께 계셔서 내가 가는 이 길에서 나를 지키시고 먹을 떡과 입을 옷을 주시어 ²¹ 내가 평안히 아버지 집으로 돌아가게 하시오면 여호와께서 나의 하나님이 되실 것이요 ²² 내가 기둥으로 세운 이 돌이 하나님의 집이 될 것이요 하나님께서 내게 주신 모든 것에서 십분의 일을 내가 반드시 하나님께 드리겠나이다 하였더라(창 28:20-22).

어떤 사람은 십일조를 강조하기 위해 이 본문을 사용합니다. 서원의 중요함에 대해 말할 때 인용하는 경우도 있습니다. 그런데 이 서원은 어딘가 부족해 보입니다. 먼저, 이 서원은 완전히 조건부입니다. "내가 평안히 아버지 집으로 돌아가게 하시오면"이 전제되어 있습니다. 하나님께서 꿈에서 자신을 찾아와 얼굴을 보이신 정도로는, 조상들에게 하신 약속을 갱신하는 정도로는 아직 여호와 하나님께 예배할 수 없다는 것입니다. 아직은 하나님을 위해 성전을 지을 생각도, 수입의 십분의 일을 드릴 생각도 없다는 것입니다. "내가 잘되면"이라는 전제가 철저하게 붙어 있습니다. 절대로 손해 보지 않겠다는 뜻입니다.

성도 여러분, 야곱은 하나님을 만났습니다. 그는 두려워서 떨 만큼 충격을 받았습니다. 그러나 다음 날 아침에 한 서원을 보면, 그는 하나도 바뀌지 않았습니다. 믿음의 민족 이스라엘 열두 지파의 아버지가 되는 야곱이 이렇게나 망가진 사람이었습니다. 신앙이 좋다 나쁘다 평가하기도 어렵습니다. 그는 신앙이 없습니다. 철저하게 이기적이며 신령함과 거리가 멉니다. 하나님의 음성을 듣는 것과 무관한 인생이며 하나님의 뜻을 따를 생각이 없습니다. 그는 아브라함에게 하셨던 하나님의 축복에는 전혀 관심이 없고, 단지 자신을 '지켜 주겠다'는 말에만 마음이 끌렸습니다. 그래서 "당신이 정말 그렇게 해준다면 나는 이것 이것을 드릴게요"라는 조건을 달아 억지 예배와 약속을 드립니다. 한심한 수준입니다.

우리는 어떻습니까? 우리는 이러한 야곱과 많이 다를까요? 인생의 문제에 대한 하나님의 뜻을 구하기 위해 기도의 자리에 나아가고 있습니까? 하나님께서 뭐라고 말씀하시는지 듣기 위해 말씀을 읽고 있습니까? 주님이 우리의 삶을 향해 원하시는 것이 무엇인지 진지하게 고민하십니까? 매주 설교를 들으면서 하나님의 말씀을 기준으로 삼아 내 삶의 작은 영역들까지 점검하며 살고 있습니까? 온 천지에 하나님의 뜻이 있어도 귀를 막고 사는 것이 우리가 아니던가요?

아브라함 언약에 관심이 있습니까? 하나님 나라와 그분의 통치가 온 땅에 미치기를 바라십니까? 복의 근원이 되어 온 땅에 복을 흘려 보내고 싶은 열망이 있습니까? 정말 주님의 재림을 고대하십니까? 땅 끝 백성들이 주님께 돌아오기를 원하십니까? 주님의 공동체가 부흥하기를 갈망하십니까? 주님이 그분의 얼굴을 우리 가운데 비추시기를 소원하십니까?

솔직히 말해, 별 관심 없이 살아오지 않았나요? 노아 시대의 사람들처럼 당장 먹고 마시고 시집가고 장가가는 일에 정신이 팔려 있지 않습니까? 하나님의 약속에는 전혀 관심이 없고, 자기 안전과 성공만을 중요시한 야곱과 우리가 많이 닮아 있지 않느냐는 말입니다.

야곱은 아브라함 언약을 이어 가게 하신 하나님께 어떤 감사도 하지 않습니다. 그저 자기 옆에서 자기를 지켜 주시겠다는 말만 듣습니다. 그런 모습이 나와 아주 많이 닮아 있지 않습니까? 이미 받은 하늘의 신령한 복과 영원한 생명에 대한 감사와 감격은 없습니다. 오늘 내가 먹을 것과 입을 것, 편안함이 가장 중요합니다. 그러한 야곱의 모습이 바로 나, 우리의 모습입니다.

하나님을 직접 만나도 바뀌지 않는 우리 인생에 변화를 가져올 방법이 있기는 한 걸까요?

변화의 능력: 끊을 수 없는 하나님의 사랑

솔직히 우리에게는 그런 방법이 없습니다. 겉으로는 잠깐 바뀌는 게 있을지 몰라도 죄에 물든 중심은 바뀌지 않습니다. 그런데 야곱은 시간이 얼마간 흐른 후 '하나님과 겨루어 이긴 자'라는 뜻의 이스라엘이 되어 있습니다. 어떻게 그런 변화가 일어난 걸까요? 정답은 내가 아니라 하나님께 있습니다.

야곱은 사랑스럽지 않습니다. 신실하지 않습니다. 종교심이 거의 없습니다. 하나님과도 거래하려 들고 자기 이익을 취하려 합니다. 한마디로 참 얄밉습니다. 우리 눈에도 훤히 보이는 야곱의 속마음을 하나님께서 못 보셨던 걸까요? 아니요, 하나님도 보셨습니다. "그럼에도 불구하고"(제가 성경에서 찾은 가장 은혜로운 문구입니다) 하나님은 야곱을 사랑하기로 작정하셨습니다. 그 일(그 사랑의 수고)이 끝나기까지 절대 야곱을 떠나지 않으셨습니다.

하나님께서 야곱을 축복하실 때, 그에게 먼저 요구하시

는 것이 없습니다. 심지어 답변도 요구하시지 않습니다. 하나님의 일방적인 축복과 약속이었습니다. 야곱의 상태와 무관하게 하나님께서 그분의 열심, 주도하심, 강권하심으로 '일방적으로' 야곱에게 약속을 이행하십니다. 왜일까요? 아담의 범죄 이후로 죄인인 인간은 하나님과의 약속을 지킬 능력이 없기 때문입니다.

신약에서 이 문제로 가장 많이 고민한 사람이 바울입니다. 그는 하나님 앞에 전혀 사랑스럽지 않은 자였습니다. 예초대교회를 가장 강력하게 핍박했던 사람입니다. 그는 사랑받을 만한 일을 하기는커녕 주님의 교회에 지대한 피해와 상처를 입혔습니다. 그는 스데반이라는 교회의 주요 인사를 죽이는 일에 결정적으로 관여했습니다.

그런 그에게 예수님께서 나타나셨습니다. 바울은 도무지 이해되지 않습니다. 주님의 나라에 도움은커녕 방해만 된 자신을 주님이 찾아와 만나 주시고 새로운 삶의 길을 열어 주시다니요. 바울은 그 모든 일을 가능케 한 능력이 무엇인지 선포합니다.

36 기록된 바 우리가 종일 주를 위하여 죽임을 당하게 되며 도살 당할 양같이 여김을 받았나이다 함과 같으니라 37 그러

나 이 모든 일에 우리를 사랑하시는 이로 말미암아 우리가 넉넉히 이기느니라 ³⁸ 내가 확신하노니 사망이나 생명이나 천사들이나 권세자들이나 현재 일이나 장래 일이나 능력이나 ³⁹ 높음이나 깊음이나 다른 어떤 피조물이라도 우리를 우리 주 그리스도 예수 안에 있는 하나님의 사랑에서 끊을 수 없으리라(롬 8:36-39).

그 모든 일을 가능케 한 능력은 어떻게 생겼습니까? "우리를 사랑하시는 이로 말미암아" 생겼습니다. 하나님께서 이런 은혜를 주신 이유는 무엇입니까? 그 무엇도 우리 주 그리스도 예수 안에 있는 하나님의 사랑에서 우리를 끊을 수 없기 때문입니다.

그러니 성도 여러분, 수없이 많은 인생들 가운데서 나를 점찍으시고, 점찍은 내 인생을 빚으시어, 결국 주님의 뜻에 합당한 존재로 만드시는 하나님의 손을 신뢰합시다. 도무지 변화되지 않는 야곱의 인생을 점찍으시고, 그의 인생이 하나님의 마음에 합한 이스라엘이 될 때까지 쉬지 않고 함께하신 하나님께서 오늘 우리 삶 가운데 함께하시며 떠나지 않으실 것을 믿고 그분과 동행하는 우리가 되기를 소원합시다.

주님이 우리를 그렇게 변화시켜 주실 것을 확신하며, 그분의 손에 내 삶을 맡겨 드리는 인생이 되시기를 주님의 이름으로 축원합니다.

나눔과 적용

1. '하나님의 충격 요법'에 본문의 각 인물들은 어떻게 반응합니까?

   - 이삭(1-4절):
   - 에서(8-9절):
   - 야곱(20-22절):

2. 성격이나 가치관이 달라질 만큼 충격적인 사건을 겪은 적이 있습니까? 주변에 그런 일을 겪은 사람이 있습니까? 구체적으로 어떤 변화가 있었습니까?

3. 벧엘로 야곱을 찾아오신 하나님은 그에게 어떤 약속을 하십니까? 그 약속들의 공통점은 무엇입니까?(13-15절)

   - 다섯 가지 약속:
   - 공통점:

4. '하나님과의 만남'이라는 충격적인 사건을 겪고 변화된 이삭과 변화 없는 에서, 겉으로는 바뀌지만 마음의 변화가 없는 야곱을 보며 어떤 생각이 듭니까? 로마서 8장 36-39절을 함께 읽고, 이 말씀이 우리에게 주는 위로와 소망을 나눠 보십시오.

2부

먼 길을 돌고 돌아서 가다

5
잃어버린 시간, 잊어버린 약속

(창 29:1-30)

그는 어떤 사람인가?

우리는 말의 중요성을 살아가며 경험으로 배웁니다. 굳이 설명하지 않아도 대부분이 말의 중요성에 동의할 것입니다. 최근에 말이 뇌에 미치는 영향에 대한 글을 읽었습니다.

> 가장 중요한 발견 중 하나가 모든 구어 표현이 뇌에 반응을 일으킨다는 것이다. 긍정적이고 부정적인 말 둘 다 뇌에 변화를 일으키는 것이 관찰되었다.…사람들이 "예"와 "아니요"에 노출될 때 뇌가 각각 보인 반응이 특히 흥미롭다. 문장이 "아니요"로 시작할 때 뇌가 코르티솔을 더 많이 분비한다.

코르티솔은 스트레스 호르몬이다. 반면에 문장이 "예"로 시작하면 도파민이 더 많이 분비된다. 도파민은 행복 호르몬이다. 그런 맥락에서, 독일의 한 대학 연구자들이 애정 어린 긍정적인 표현은 전전두엽 피질을 활성화한다는 것을 보여주었다. 뇌의 이 부분은 자아상, 정서적 의사결정과 관련된 곳이다. 다시 말해, 위로하고 사랑을 전하는 말이 자아 인식을 증진시키고 더 나은 정서적 결정을 돕는다는 것이다(원더풀마인드, 문화, 2019.1.15. *https://wonderfulmind.co.kr/words-are-as-important-as-actions/*).

말은 사람의 건강에도 영향을 미칩니다. 모든 관계가 말로 인해 어긋나기도 하고 이어지기도 합니다. 그래서 우리는 말을 잘하기 위해 이런저런 책을 찾아보고 연습도 합니다. 말의 잠재력을 무시할 수 없음을 경험하기 때문입니다.

한편 우리는 살아가면서 말이 얼마나 믿을 수 없는 것인지도 경험합니다. 번지르르한 말에 넘어가 손해를 보거나 말은 청산유수인데 사는 건 딴판인 사람도 만나 보았을 것입니다. 지혜로운 사람은 사람에 대한 판단을 성급하게 내리지 않습니다. 첫인상이나 그의 말만 듣고 판단하지 않습니다. 그의 말과 삶이 얼마나 일치하는가를 보고 됨됨이를 평가합니다.

성도 여러분은 제가 하는 설교를 듣고 제가 쓴 글을 읽습니다. 제가 만든 영상이나 어떤 것을 보며 저를 생각하실 테지요. 그래서 저에 대해 오해하실 수 있습니다. 여러분이 정말 저를 신뢰하려면 제가 뭘 하는지 알아야 합니다. 중요한 사안에서 어떻게 결정하는지 봐야 합니다. 제 말이 아니라 삶이 어떤지 보고, 제가 하는 선택이 여러분이 보기에 옳은지, 목사로서 합당한 것인지, 하나님 앞에 온전한 것인지 확인해야 합니다.

하나님의 백성다운 삶에 대해 말하기란 쉽지 않습니다. 하지만 그보다 훨씬 더 어려운 것이 하나님의 백성답게 하루하루를 사는 것입니다. 보이는 세상의 유혹을 이기고 보이지 않는 것을 믿으며 눈앞에 펼쳐진 하루를 산다는 건 진짜 신앙 없이는 불가능한 일입니다.

우리는 지금 어느 때보다 말과 행함의 일치를 묻는 세상에 살고 있습니다. 이런 세상에서 나는 어떤 선택을 해야 할까요? 내 삶을 통해 세상에 들려 줄 메시지는 무엇일까요? 야곱이라는 인물을 통해, 그가 하는 선택 속에서 다시금 야곱이 누구인지, 또 우리는 누구인지 살펴보겠습니다.

우물가에서의 만남: 운명적?

벧엘에서 하나님을 만난 야곱의 발은 가벼워졌습니다. "인도하고 지켜 주겠다", "결코 떠나지 않겠다"는 하나님의 말씀이 얼마나 강력한지 할아버지와 아버지로부터 이야기를 들으며 간접적이나마 경험했기 때문입니다. 게다가 그는 하나님을 환상 중에 목도했고 직접 그 약속을 받았습니다. 그는 장차 자기 삶에 하나님께서 행하실 일을 기대하며 하란으로 향합니다.

본문을 보면 들에 돌뚜껑이 있는 우물이 있고, 그 곁에 세 무리의 양 떼와 목자들이 나옵니다. 야곱이 목자들에게 "어디서 왔느냐"고 묻자, 목자들은 이 낯선 이에게 자신들은 "하란에서 왔다"고 대답합니다. 야곱은 그들에게 나홀의 손자 라반에 대해 묻습니다. 목자들은 라반이 평안하다고 말하며 지금 그의 딸 라헬이 양을 몰고 이곳으로 오는 중이라고 말합니다. 그러자 대뜸 야곱이 목자들에게 목축에 관한 조언을 합니다.

> 야곱이 이르되 해가 아직 높은즉 가축 모일 때가 아니니 양에게 물을 먹이고 가서 풀을 뜯게 하라(창 29:7).

그들의 가축 돌보는 방법이 틀렸다며 지금 우물가에서 시간을 허비하면 안 된다고 말합니다. 빨리 양 떼에게 물을 마시게 하고 다시 풀밭에 가서 풀을 뜯게 하라고 다그칩니다. 방금 전까지 대화를 잘하고 있다가 갑자기 왜 이러는 걸까요?

야곱의 말과 행동을 해석할 때는 그가 이유 없이 말하거나 행동하지 않는다는 점을 기억해야 합니다. 그가 철저하게 이기적이라는 사실도요. 그가 오늘 처음 만난 목자들에게 무슨 관심과 애정이 있어 그런 조언을 했을 리 없습니다. 그는 늘 자기만 생각합니다. 지금 그의 관심은 우물가로 오고 있다는 라반의 딸 라헬에게 있습니다. 순간적으로 야곱은 라헬과 단둘이 만나는 게 유리하다는 판단을 합니다. 그래서 얼른 목자들을 떠나 보내려 하지만 목자들은 움직이지 않습니다.

> 그들이 이르되 우리가 그리하지 못하겠노라 떼가 다 모이고 목자들이 우물 아귀에서 돌을 옮겨야 우리가 양에게 물을 먹이느니라(창 29:8).

그 지역 목자들에겐 들판의 우물을 사용하는 규칙이 있

었습니다. 물이 귀한 이곳의 우물을 보존하기 위해 반드시 지켜야 하는 규칙입니다. 평소엔 무거운 돌뚜껑으로 우물을 덮어 놓았다가 정한 시간에 목자들이 모두 모이면 힘을 합쳐 뚜껑을 열고 각자 데려온 양에게 일정량의 물을 먹이는 것입니다. 물이 귀한 지역에서 우물은 생명과 직결됩니다. 양을 돌보기에 좀더 합리적인 방법이 있다고 해서 금세 바꿀 수 없는 상위법입니다.

자신의 각본대로 일이 돌아가지 않자 야곱은 새로운 방법을 떠올려야 했습니다. 그러던 차에 라반의 딸 라헬이 양떼를 몰고 우물가로 다가옵니다. 야곱은 말을 멈추고 적극적인 행동에 나섭니다.

> 야곱이 그의 외삼촌 라반의 딸 라헬과 그의 외삼촌의 양을 보고 나아가 우물 아귀에서 돌을 옮기고 외삼촌 라반의 양 떼에게 물을 먹이고(창 29:10).

야곱은 아무 말 없이 우물로 가서 돌뚜껑을 혼자 들어 옮기고는 라반의 양 떼에게 물을 먹입니다. 라헬은 낯선 아저씨가 왜 이렇게 행동하는지 알 길이 없습니다. 다만 무거운 뚜껑을 혼자 번쩍 들어 옮기는 모습에 놀랐을 것입니다. 자기 순번도 아닌데 다른 양 떼들을 밀치고 자기가 데려온 양 떼에 물을 먹이는 모습이 신기했을 테지요. '도대체 뭐하는 거지?'라는 생각으로 그 남자를 봅니다. 그러다 눈이 마주칩니다. 그때 남자가 기습적으로 라헬에게 입을 맞춥니다. 라헬은 놀라서 뒤로 물러납니다. 이번엔 그 남자가 주저앉아 소리 내어 웁니다. 그리고 자신이 "네 아버지 라반의 여동생 리브가의 아들", 다시 말해 사촌오빠임을 밝힙니다. 라헬은 집으로 뛰어가 아버지에게 이 사실을 알립니다. 라반도 달려와 야곱을 집안의 혈육이자 손님으로 맞아들입니다.

우리는 평소 성경을 읽을 때 거의 질문하지 않습니다. 질문해 봐야 대답해 주는 사람이 없고 어떤 부분은 질문할 필요조차 느끼지 못하니까요. 이 본문도 그렇게 넘어가기 쉬운 대목 중 하나입니다. 그저 "야곱이 라헬을 만났다" 정도로 요약할 수 있습니다. 그러나 성경 그 어느 대목도 다 의미가 있습니다. "야곱이 라헬을 만났다"로 짧게 정리해도 될 부분을 왜 이렇게 길게 이야기로 풀어냈는지 우리는 물어야 합니다.

답을 찾아보겠습니다. 일단 우물의 돌뚜껑을 야곱이 혼자서 옮기는데, 이는 힘을 과시하는 것입니다. 이 우물의 돌뚜껑은 한 사람이 옮길 수 있는 것이 아니라고 3절과 8절에서 공히 기록하고 있습니다. 우리는 이 장면 속으로 들어가 야곱의 입장에서 지금 일어나고 있는 일들의 의미를 추적할 필요가 있습니다.

야곱은 라헬을 본 순간 '내 여자'라는 확신이 들었습니다. 그리고 이 여자의 마음에 들기 위해 할 일이 뭔지 생각합니다. 머리가 비상한 데다가 어머니 리브가를 통해 외가의 분위기가 어떤지 정확히 아는 야곱은 라헬의 마음을 얻기 위해 곧바로 행동을 개시합니다. 야곱은 아무 말 없이 혼자 우물의 돌뚜껑을 번쩍 들어 옆으로 옮깁니다. 야곱은 약골이 아니었습니다. 말했다시피 야곱이라는 이름 자체가 씨름의 한 기술을 가리킵니다. 에서가 털사람이고, 야곱이 어머니에게 사랑받은 것을 근거로 상대적으로 유약했을 것이라고 생각하는 사람들이 있는데, 이는 편견입니다. 야곱은 기본적으로 목축으로 잔뼈가 굵은 근육질 아저씨였습니다. 밤새 씨름해도 견딜 수 있는 체력을 가지고 있었습니다. 그는 나름대로 그 시대의 천하장사였습니다. 그는 라헬 앞에서 자신이 얼마나 강한 사람인지 육체적 힘을 과시합니다.

이제 라헬의 입장이 되어 보겠습니다. 자기 앞에 갑자기 나타난 이 남자, 아무래도 수상합니다. 그런데 힘이 보통이 아닙니다. 분명 나쁜 남자 같습니다. 그런데 이 남자가 내 양 떼에게 다가와 친절하게 물을 마시게 합니다. 나쁜 남자 같지만 매력이 있습니다. 라헬의 얼굴에 열꽃이 올라옵니다. 이 남자가 누구인지 궁금해집니다.

라헬의 양 떼가 물을 다 마셨습니다. 그때까지 아무 말이 없던 남자가 기습적으로 라헬에게 입을 맞춥니다. 라헬은 당황하여 뒤로 물러섭니다. 전혀 예측하지 못한 일입니다. 머리가 멍해져 아무 반응도 할 수 없습니다. 고대 근동의 문화를 연구하는 사람들 중에 야곱의 이 입맞춤을 당시 인사법이라고 설명하는 이들이 있습니다. 하지만 야곱은 아직 라헬에게 자신이 사촌임을 밝히지 않았습니다. 설령 사촌임을 밝혔다 해도 그들은 이제까지 한 번도 만난 적이 없습니다. 그러니 이 입맞춤은 가족 간에 일반적으로 친밀함을 표현하는 인사가 될 수 없습니다.

이 남자가 이번에는 주저앉아 소리 내어 웁니다. 라헬은 정신을 차릴 수가 없습니다. 정체 모를 이 남자가 울어도 그렇게 서럽게 울 수 없습니다. 라헬의 이성이 마비됩니다. 울고 있는 남자를 안아 주고 싶습니다. 누구냐고 물으니 자기를 만나기 위해 몇 날을 달려온 사촌오빠라고 합니다. 라헬은 이 소식을 전하기 위해 아버지에게 뛰어갑니다. 심장이 터질 것 같습니다. 달리고 있기 때문이 아닙니다. 이제까지 꿈꿔 온 나의 왕자님이 나타났기 때문입니다.

야곱은 한순간에 라헬의 마음을 훔쳤습니다. 그가 보여 준 육체적 힘은 고대사회에서 가장 확실한 능력이었고, 우물가의 질서를 무너뜨리는 것은 남성적 야성미와 연결됩니다. 갑자기 라헬에게 입맞추는 행동도, 라헬 앞에서 목놓아 우는 것도, 그런 다음 자기 신분과 이곳에 온 이유를 밝히는 것도 다 야곱의 연출이었습니다. 라헬은 완전히 야곱의 연출에 넘어갔습니다. 이것이 우물가에서 생긴 그날의 일입니다.

청년, 특히 미혼 자매들에게 권면합니다. 이런 남자에게 마음을 주면 안 됩니다. 여자의 마음을 잘 알고 한눈에 반할 만한 것을 다 갖춘 남자는 '좋은 남자'일 가능성이 적습니다. 기본적으로 단순하게 만들어진 남자는 복잡하고 심오한 여자에게 단번에 호감을 얻을 수 없습니다. 여자의 마음을 한순간에 빼앗을 만큼 여자를 잘 아는 남자는 대개 두 종류입니다. 유부남이거나 연애 선수입니다. 이때 야곱에게 넘어간 라헬은 죽는 날까지 고생합니다.

이 부분과 관련해 더 많은 이야기를 하고 싶지만 여기선 성경 자체가 강조하는 한 가지만 말씀드립니다. 창세기 29장에서 야곱이 라헬을 만나는 장면과 창세기 24장에서 아브라함의 종이 이삭의 아내를 구하기 위해 하란에 와서 리브가를 만나는 장면의 유사점과 차이점입니다. 성경은 두 사건을 비교, 대조할 것을 자연스럽게 요구합니다. 24장에서 아브라함의 종은 하란에 도착한 후 우물 앞에서 하나님께 기도합니다. '주인 아브라함의 하나밖에 없는 아들 이삭의 아내가 될 사람이라면 하나님의 인도하심이 있어야 한다'고 생각했기 때문입니다. 기도의 응답으로 리브가가 그곳에 나타났습니다. 야곱은 분명 하란으로 출발하면서 어머니 리브가에게 이 이야기를 들었을 것입니다.

그런데 29장 야곱이 라헬을 만나는 장면에서는 눈 씻고 찾아봐도 기도하는 모습을 볼 수 없습니다. 역시 야곱답습니다. 그는 주님의 인도하심을 구하지 않습니다. 라헬을 만났을 때도 하나님께 "이 사람입니까?"라고 묻지 않고 곧바로 작업에 들어갑니다. 형 에서와 다를 게 없습니다. 야곱 역시 결혼이라는 인생의 중대한 결정 앞에서 하나님의 뜻을 구할 의지가 전혀 없었습니다. 흥미진진한 이 이야기의 결론은, 야곱은 인생의 중대한 선택의 순간에 전혀 하나님을 고려하지 않는 사람, 명목상 신앙인이었을 뿐 실상은 하나님과 무관한 '실천적 무신론자'였다는 것입니다. 이제 이야기는 어디로 흘러갈까요?

칠 년을 며칠같이 여겼더라: 로맨스?

야곱은 외삼촌 라반의 집에 한 달간 묵으며 라반의 일을 얼마간 도와주었습니다. 야곱은 목축 기술에 능통했고 힘도 좋았습니다. 라반은 야곱이 양 떼를 돌보는 모습을 보면서 감탄했습니다. 그래서 먼저 야곱에게 품삯을 정하라고 제안합니다.

> 라반이 야곱에게 이르되 네가 비록 내 생질이나 어찌 그저 내 일을 하겠느냐 네 품삯을 어떻게 할지 내게 말하라(창 29:15).

여기까지만 보면 라반이 조카를 배려하는 것 같습니다. "무급으로 일하면 미안하니 용돈이라도 줄게"라고 말하는 것 같습니다. 그러나 이후의 행보를 보면 라반은 선한 의도로 이런 제안을 한 게 아닙니다. 라반은 야곱보다 더 이기적이고 똑똑한 사람입니다. 그는 야곱이 정상적인 이유로 자기 집에 오지 않았음을 파악했습니다. 자기 딸 라헬을 사랑한다는 것과 수중에 돈이 없음도 압니다. 이에 라반은 야곱이 거부할 수 없는 제안을 했고, 야곱은 다음과 같이 대답합니다.

> 야곱이 라헬을 더 사랑하므로 대답하되 내가 외삼촌의 작은 딸 라헬을 위하여 외삼촌에게 칠 년을 섬기리이다(창 29:18).

라헬과 결혼하고 싶은데 당장은 신부 지참금을 낼 돈이 없으니 7년간 외삼촌 집에서 일하겠다는 것입니다. 당시 일반적으로 신부 지참금은 30-40세겔이었고, 목자의 연봉은 10세겔이었습니다. 야곱은 지금 일반 지참금의 두 배에 해당하는 금액을 몸으로 때우겠다고 말한 것입니다.

이게 다 사랑에 눈이 멀어서입니다. 야곱은 원래 이런 스타일이 아닙니다. 그는 철저하게 계산하는 사람입니다. 고향 집에 사람을 보내어 신부 지참금을 가져오게 할 수도 있었습니다. 설령 이런 계약을 하더라도 3년짜리 약정을 하면 되는데 덜컥 7년짜리 계약을 맺습니다. 그러면 더 멋지게 보이고 라헬이 좋아할 것 같아서지요. 야곱은 그답지 않게 불리한 계약을 합니다. 그 결과 라반의 집에서 7년 동안 종처럼 일하게 됩니다.

> 야곱이 라헬을 위하여 칠 년 동안 라반을 섬겼으나 그를 사랑하는 까닭에 칠 년을 며칠같이 여겼더라(창 29:20).

로맨틱하지 않습니까? 사랑하기 때문에 칠 년을 며칠같이 여겼다니요. 특히 지금 연애를 하는 사람이라면 이 문장이 더욱 감동적일 것입니다. 그런데 이 말을 그 남자의 어머니가 듣는다면 어떨까요? 아마 욕부터 나왔을 것입니다. "네 놈이 정신이 나갔구나." 좋아하는 여자가 생겼다고 그 집에 들어가 7년 종살이 계약서에 도장을 찍다니요. 아들이 신부와 함께 돌아오기를 이제나저제나 기다리는 노부모는 어쩌란 말입니까?

지금 야곱은 몽롱한 상태입니다. 정신이 반쯤 나간 상태에서 자기보다 더 이기적이고 똑똑하며 심지어 사악한 삼촌을 만났습니다. 이런 상태는 7년이나 지속됩니다. 무엇이 야곱을 이렇게 만든 것일까요?

선택이 그가 누구인지를 말해 준다

똑똑한 야곱이 멍청한 선택을 하게 된 배경에는 라헬이라는 여인이 있습니다.

> ¹⁶ 라반에게 두 딸이 있으니 언니의 이름은 레아요 아우의 이름은 라헬이라 ¹⁷ 레아는 시력이 약하고 라헬은 곱고 아리따우니 ¹⁸ 야곱이 라헬을 더 사랑하므로(창 29:16-18).

라반에게는 두 딸이 있습니다. 언니는 레아이고 동생은 라헬입니다. 둘에 대한 설명은 17절 단 한 구절입니다. "레아는 시력이 약하고 라헬은 곱고 아리따우니." 참으로 대조되는 설명입니다. 우리말 개역개정 성경만 봐서는 라헬의 조건이 훨씬 더 좋은 것 같습니다. 레아는 시력장애가 있고, 라헬은 곱고 아리따우니 말입니다. 그러나 원어의 의미를 좀더 살려 번역하면 이렇습니다. "레아는 눈매가 부드럽고, 라헬은 몸매가 아름답고 용모도 예뻤다"(새번역). 정리하면 "둘 다 예쁘다"는 설명입니다.

고대인들은 사람의 눈을 영혼의 창이라고 생각했습니다. 지혜가 눈에서 나온다고도 생각했습니다. 눈이 예쁘다는 건 지혜로운 사람이라는 뜻이기도 합니다. 레아는 지혜로운 여인, 즉 '마음이 예쁜' 여인이었습니다. 한편 라헬에겐 이중으로 예쁘다는 말을 쓰고 있는데, 하나는 몸에 관한 표현이고 다른 하나는 얼굴에 관한 표현입니다. 즉 라헬은 무엇보다 몸매와 얼굴에 시선이 고정되는 '외모가 예쁜' 여인이었습니다.

야곱은 어떤 선택을 할까요? 일고의 가치도 없다는 듯 "라헬을 더 사랑"합니다(18절). 레아가 지혜로운 여인인 것을 알았지만 몸과 얼굴이 예쁜 라헬을 선택합니다. 그것이 야곱의 기준이었습니다.

결정적인 순간에 하는 선택이 그 사람이 누구인지를 증명합니다. 아무리 평소에 '보이지 않는 것'이 중요하다고 주장해도, 막상 '보이는 것'과 '보이지 않는 것' 중 하나를 정해야 하는 순간에 이르면 그가 진짜로 믿는 것이 무엇인지 알 수 있습니다. 아버지 이삭과 어머니 리브가는 야곱에게 하나님의 언약을 이어 갈 백성을 낳을 지혜로운 여인, 하나님의 언약을 알고 배워서 가르치고 들려 주며 보여 주는 '믿음의 어머니가 될 여인'을 데려오라고 했을 것입니다. 하지만 야곱은 '보이는 것'을 기준으로 여인을 선택했습니다.

성도 여러분, 우리는 다른 선택을 했을까요? '몸과 얼굴이 예쁜' 라헬, 외모가 아름다운 라헬과 '눈매가 부드러운' 레아, 보이지 않는 지혜를 가진 레아 중에서 우리는 누구를 선택했을까요? 바울은 성도가 살아가는 방식을 다음과 같이 설명합니다.

> 이는 우리가 믿음으로 행하고 보는 것으로 행하지 아니함이로라(고후 5:7).

성도는 보이는 대로, 느끼는 대로, 세상이 말하는 대로 행하는 사람이 아닙니다. 성도는 믿음으로, 보이지 않는 것으로, 진리가 인도하는 대로 사는 사람입니다. 그러나 야곱은 보이는 것에 눈이 머물렀고 그것에 사로잡혔습니다. 그가 레아를 알아보지 못한 게 아닙니다. 그는 레아의 강점이 무엇인지 알았고 그것이 좋다는 것도 알았습니다. 그러나 라헬을 더 사랑합니다. 결국 그는 보이는 것에 붙들려 보이는 것만을 위한 세월을 보냈습니다. 사랑했기에 며칠같이 여겼던 7년은 로맨스의 시간이 아니라 몽롱한 채 허비한 시간이었습니다.

잃어버린 시간, 잊어버린 약속

망가지기 시작한 야곱의 시간표는 걷잡을 수 없는 방향으로 흘러갑니다. 결혼식을 올리고 첫날 밤을 보낸 후 아침이 되었을 때, 야곱 옆에 있는 여인은 동생 라헬이 아니라 언니 레아였습니다.

> 야곱이 아침에 보니 레아라 라반에게 이르되 외삼촌이 어찌하여 내게 이같이 행하셨나이까 내가 라헬을 위하여 외삼촌을 섬기지 아니하였나이까 외삼촌이 나를 속이심은 어찌 됨이니이까(창 29:25).

7년이나 힘들게 일해서 한 결혼인데 결혼식 당일에 신부가 바뀌었습니다. 야곱이 불같이 화를 내는 게 당연합니다. 그런데 라반은 전혀 미안해하지 않고 이미 준비해 놓은 제안을 합니다.

> 26 라반이 이르되 언니보다 아우를 먼저 주는 것은 우리 지방에서 하지 아니하는 바이라 27 이를 위하여 칠 일을 채우라 우리가 그도 네게 주리니 네가 또 나를 칠 년 동안 섬길

지니라(창 29:26-27).

이 지역에선 동생이 언니보다 먼저 시집가는 법이 없는데 그런 풍습을 여태 몰랐느냐는 얘기입니다. 그러면서 이런 제안을 합니다. "일단 결혼식 7일을 채우고 네가 결혼하고 싶은 라헬과도 신방을 차려라. 그리고 라헬의 지참금으로 결혼 후 7년을 더 섬겨라." 야곱은 그 제안을 거부할 수 없었습니다. 라헬을 사랑하니까요. 그는 자포자기 상태입니다. 뒤통수를 하도 세게 맞아 정신을 차릴 수 없는 지경입니다. 야곱은 그러겠노라 약속하고 7일 후에 라헬과도 결혼합니다. 7년짜리 노예계약이 추가되는 순간입니다.

정신이 돌아온 야곱은 무슨 생각이 들었을까요? 후회입니다. 그는 얼떨결에 14년을 라반의 집에서 종살이하게 되었습니다. 라반은 이제 노골적으로 야곱을 종 취급합니다. "나를 칠 년 동안 섬길지니라." 이것은 조카가 아니라 종에게 하는 말입니다.

야곱이 이런 대우를 받아도 되는 사람입니까? 야곱은 가나안 왕과 같은 힘과 부를 가진 이삭의 아들입니다. 게다가 그는 장자의 명분과 축복을 받았기 때문에 아버지의 막대한 재산 중 3분의 2를 상속받게 되어 있습니다. 당장 아버지 집에 연락하면 신부 지참금을 가져올 수도 있습니다. 하지만 그러면 부모님은 분명 지혜로운 여인 레아를 데려오라고 하겠지요. 그래서 부모님께 연락하지 않고 자기 힘으로 결혼 지참금을 만들려 한 것입니다. 그 결과 모든 게 꼬였습니다. 졸지에 14년이나 하란 땅에서 종으로 살게 되었습니다. 라반은 이런저런 이유를 들어 이후 6년 더 야곱을 부려먹습니다. 결국 야곱은 아내를 구하러 하란 땅에 갔다가 거기서 20년을 살게 됩니다. 야곱의 나이 이제 96세입니다.

너무 많이 돌아가는 건 아닌가?

우리는 야곱의 인생에서 우리의 모습을 보고 있습니다. 동시에 그의 인생에서 일하시는 하나님을 보면서 우리 인생 가운데서도 일하셨고 지금도 일하시는 하나님을 봅니다.

29장에서 야곱은 "눈에 보이는 것을 더 사랑했기 때문에" 가야 할 길에서 너무 많이 돌아가는 인생같아 보입니다. 약속의 땅에서 약속의 백성을 만들고 세워야 하는데 너무나 오랜 시간을 하란 땅에서 라반의 종이 되어 그의 양 떼를 돌보는 데 썼습니다. 저는 가끔 우리 성도의 삶이 그렇다는 생각이 듭니다. 우리는 너무 많은 시간을 길에 쏟아 버리고 있습니다. 하나님께서 기회로 주신 시간과 물질, 관계, 건강, 힘 등을 너무 많이 허비하고 있습니다.

물론 하나님은 야곱을 태어나기도 전에 택하셨기 때문에 그를 하란 땅 라반의 종 된 자리에서 끄집어내십니다. 하나님은 약속을 지키시는 분이기 때문에 야곱은 가나안 땅으로 돌아와야 하고, 아버지 이삭에게 하신 하나님의 약속을 이어받아야 하며, 하나님께서 세우시는 한 민족의 아버지가 되어야 합니다. 그 일은 반드시 일어납니다. 그러나 그 일이 야곱의 선택으로 인해 20년이나 늦춰졌습니다. 하나님은 반드시 그분의 일을 행하실 테지만, 그 모든 일의 시간표는 하나님께서 택하신 자의 자원하는 마음과 순종의 정도에 따라 달라질 수 있습니다.

요즘 우리집 아이들은 휴대폰 게임과 유튜브 영상과 아이돌에 빠져 시간을 보냅니다. 그 귀한 시간을 좀 더 가치 있는 데 쓰면 좋겠는데 말이지요. 그런 시기가 필요하고 거쳐 가는 것이라고들 하지만, 저는 이 시기가 빨리 지나 우리 아이들이 '영원히 빛나는 것'을 위해 의미 있는 일로 하루하루를 채우면 좋겠습니다. 우리 성도들을 보면서도 종종 그런 생각을 합니다. 저렇게 '보이는 것'만을 위해 열심히 살다가 주님을 만날 아무 준비도 못하고, 주님으로 인해 누릴 수 있는 풍성함도 누리지 못하다가 이 땅의 시간을 다 써 버리면 어떡하지 하는 생각 말입니다.

사랑하는 성도 여러분, 조금 돌아갈 수 있습니다. 조금 쉬는 건 괜찮습니다. 인생이라는 긴 마라톤에서 어떻게 매번 최고 속도로 달릴 수 있겠습니까? 잠깐은 숨고르기를 해야 합니다. 조금 돌아간다 해서 천벌받지 않습니다. 그러나 너무 많이 돌아가지 않기를 바랍니다. 너무 오래 쉬지 않기를 바랍니다. 야곱처럼 한순간의 선택으로 20년을 날리는 일은 없어야 하지 않을까요?

진리를 알기 위해 힘쓰십시오. 사랑할 수 있는 이 시간에 사랑으로 자신과 공동체와 이웃을 섬기십시오. 함께 소리 내어 울어야 할 자리에서 울고, 함께 웃어야 할 자리에서 웃어 주십시오. 보이는 게 전부라고 말하는 세상에서 보이지 않는 것, 믿음으로만 이해할 수 있는 것을 붙들고 주님께서 걸으라고 하신 길을 함께 걷는 귀하고 복된 성도가 되시기를 축원합니다.

나눔과 적용

1. '배우자 선택'은 그 사람의 가치관을 가장 선명하게 보여 줍니다. 야곱이 레아와 라헬 중에 배우자를 선택하는 기준은 무엇이었습니까?(17절)

2. 라반의 속임수로 레아와 결혼하게 된 야곱은 어떤 선택을 합니까? 그는 이 일로 무엇을 잃게 됩니까?(25-28절)

3. '내 눈에 보기 좋은 것'과 '하나님의 뜻' 사이에서 갈등한 적이 있습니까? 그때 어떤 선택을 했습니까? 내 눈에 보기 좋은 것을 선택했다가 하나님께서 부르시는 길에서 멀리 돌아간 일이 있다면 나눠 보십시오.

4. 나의 삶에 '하나님의 주인 되심'을 잘 인정하지 못하는 부분이 있습니까? '하나님의 뜻'에 점점 더 나를 맞추는 삶이 되려면 어떻게 해야 할지 생각해 보십시오.

6
반칙왕 & 신실왕

(창 30:1-24)

반칙왕

영화 〈반칙왕〉(2000년)에서 임대호(송강호 분)는 은행 창구를 지키며 단조로운 하루를 보내는 평범한 은행원입니다. 그는 지각도 자주 하고 실적도 별로 없어 늘 부지점장에게 욕을 먹고 헤드록 기술에 걸려 고통을 당합니다. 그가 짝사랑하는 은행 동료 역시 그에게 눈길 한번 주지 않습니다. 하루하루 무료하게 살아가던 어느 날, 그는 운명처럼 무너져 가는 프로 레슬링 체육관에 가게 되고, 거기서 훈련을 받고 가면을 쓴 레슬러가 되어 경기장의 환호를 경험합니다. 영화의 슬로건은 "시끄러운 세상 반칙으로 산다!"입니다.

특별할 게 없고 매일 반복되는 삶에 지친 이들에게 영화 〈반칙왕〉은 묘한 즐거움을 안겨 주었습니다. 힘없는 이들이나 반드시 법을 지키며 살아야 한다는 압박을 느끼는 대부분의 사람들에게 주인공이 쓴 마스크는 힘있는 자들이 만든 규칙들을 부숴 버리고 자유롭게 싸우는 이미지를 대변했습니다. 당시 많은 사람들이 이 영화를 보며 열광했지요. 주인공이 마스크를 쓰고 링 위에서 느꼈던 자유를 스크린 앞의 관객들도 느낀 것입니다. 영화 속의 '반칙'은 어쩌면 힘없는 이들의 마음 가운데 있는 자유에 대한 갈망의 다른 표현일 수 있습니다.

그러나 우리는 영화와 현실을 구분할 필요가 있습니다. 영화 속 반칙왕은 현실에서 일탈하여 숨쉬고 싶었던 한 사람의 소망을 표현했습니다. 반면에 현실에서의 반칙은 그 과정도 결과도 결코 좋을 수 없습니다. 본문에는 끊임없이 하나님의 마음과 무관한 길을 선택하는 반칙왕과 반칙왕에 보조를 맞추어 반칙을 반복하는 이들의 슬픈 이야기와 비참한 결말이 나옵니다. 이들의 실패한 모습을 보며 세상을 만드신 하나님의 법을 따라 산다는 것이 어떤 의미인지 함께 고민해 보겠습니다.

자식낳기 전쟁

본문을 보면 야곱의 자식들이 계속해서 태어납니다. 앞장인 29장 후반부에 레아에게서 낳은 자식들의 이름이 나옵니다. 레아는 르우벤과 시므온을 낳았고 레위와 유다를 내리 낳습니다. 30장으로 넘어오면 라헬이 자기도 아들을 낳고 싶다고 으름장을 놓는 장면이 이어집니다.

라헬은 야곱에게 "내게 자식을 낳게 하라. 그렇지 아니하면 내가 죽겠노라"고 외칩니다. 모든 것이 '야곱 너의 문제'라는 식입니다. 그러면서 자신의 여종 빌하를 첩으로 들일 것을 요구하며 빌하가 낳은 자식을 자기가 낳은 자식으로 삼겠다고 제안합니다. 불임을 해결하기 위해 고대사회에서 종종 행해진 대리모를 제안한 것입니다. 야곱은 라헬의 제안을 받아들이고, 빌하는 단과 납달리라는 아들을 낳습니다.

동생 라헬이 여종 빌하를 통해 아들을 두게 된 것을 본 언니 레아는 이미 자녀가 있는데도 라헬과 같은 방법으로 더 많은 자식을 얻기 원합니다. 결국 레아도 여종 실바를 야곱에게 첩으로 주어 아들의 수를 늘리지요. 실바는 갓과 아셀이라는 아들을 낳습니다. 졸지에 야곱은 부인이 넷이 되었고 여덟 명의 아들을 두게 됩니다. 겉으로 보면 고대의 기준으로 크게 성공한 인생 같습니다.

그 와중에 합환채 사건이 일어납니다(14-16절). 레아의 큰아들 르우벤이 임신에 좋다는 희귀한 약초 합환채를 구해 어머니 레아에게 가져다줍니다. 라헬은 이 소식을 듣고 레아에게 가서 합환채를 달라고 요구합니다. 결국 야곱과 합방할 순번을 레아에게 넘기고 합환채를 얻습니다. 그날 집에 돌아온 야곱은 라헬이 아닌 레아와 동침했고, 그 일로 레아가 임신을 하지요. 레아는 다섯째 잇사갈, 여섯째 스불론, 그리고 딸 디나까지 줄줄이 낳습니다. 이제 이 집안에는 열 명의 아들과 외동딸이 있습니다. 손이 귀한 집안에 자식들이 넘쳐 납니다. 그런데 평화가 없습니다. 라헬이 직접 낳은 자식이 없기 때문입니다.

22절에서 드디어 라헬이 임신을 합니다. 하나님께서 비로소 라헬의 태를 여셨습니다. 라헬은 이제껏 자식이 없어서 느꼈던 모든 부끄러움을 하나님께서 친히 씻어 주셨다고 고백하며, 태어난 아기의 이름을 '더함'이라는 뜻을 가진 요셉이라고 짓습니다. 야곱의 열한 번째 아들입니다.

여기까지만 스토리를 정리했는데도 마음이 답답합니다. 성경은 도대체 왜 야곱의 자식낳기를 장황하게 기록하고 있는 걸까요? 불필요해 보이는 이야기를 지루하게 반복하고 있을까요? 한데 묶어 야곱에게 열한 명의 아들과 한 명의 딸이 태어났다고 정리하면 안 되는 걸까요? 어떤 이야기가 반복되는 경우 대개 이를 통해 무언가를 강조하고 싶은 것이 있기 마련입니다. 그렇다면 여기선 무엇을 강조하고 싶은 걸까요? 스쳐 지나듯 읽은 이야기 속으로 들어가 보겠습니다.

첫 번째 반칙: 점점 망가지는 라헬

본문이 시작되는 지점에서 라헬은 분노를 터트리고 있습니다. 언니 레아가 아들을 네 명이나 낳는 동안 자신에겐 임신 소식이 전혀 없기 때문입니다. 라헬은 언니 레아를 시기했습니다. 그런 상황에서 야곱에게 소리칩니다.

> 내게 자식을 낳게 하라 그렇지 아니하면 내가 죽겠노라(창 30:1).

라헬은 지금 아무 근거 없는 말을 하고 있습니다. 야곱이 노력하지 않은 게 아닙니다. 그도 라헬 사이에 자식을 두고 싶습니다. 그런데 자식이 생기지 않는 걸 어쩌란 말입니까? 그런데도 라헬은 죽겠다며 야곱을 협박하고 있습니다. "내가 죽겠노라." 어이없는 말에 야곱은 이렇게 대답합니다.

> 야곱이 라헬에게 성을 내어 이르되 그대를 임신하지 못하게 하시는 이는 하나님이시니 내가 하나님을 대신하겠느냐(창 30:2).

이전의 야곱이라면 이렇게 반응하지 않았을 테지요. 7년을 며칠같이 여기며 종살이 할 만큼 라헬을 열렬하게 사랑했던 야곱이라면 이렇게 나오는 라헬을 안타깝게 여기며 품어 주었을 것입니다. 그런데 지금 야곱도 라헬에게 화를 내고 있습니다. 그리고 저주 같은 말을 쏟아 놓습니다. "당신을 임신하지 못하게 하시는 이는 하나님이야. 나더러 어쩌라고!" 라헬의 가슴에 비수를 꽂는 말입니다. 라헬은 도저히 참을 수 없었습니다.

> 라헬이 이르되 내 여종 빌하에게로 들어가라 그가 아들을 낳아 내 무릎에 두리니 그러면 나도 그로 말미암아 자식을

얻겠노라(창 30:3).

라헬은 그 당시 근동 지역에서 흔히 볼 수 있던 대리모 제도를 사용하겠다고 말합니다. 빌하는 단과 납달리라는 아들을 낳습니다. 이 이름을 빌하가 짓지 않았다는 것을 기억해야 합니다. 빌하가 낳기는 했지만 그녀의 아들이 아니기 때문입니다. 그 이름들은 모두 라헬이 지었습니다. 단은 '판단하다'라는 뜻이고, 납달리는 '경쟁에서 이겼다'라는 뜻입니다. 다분히 언니 레아를 의식해서 지은 이름입니다. "나도 아들을 낳았다"고 과시하는 것이지요. 내가 (몸종 빌하를 통해) 아들을 낳은 걸 보면 하나님께서 나를 옳다고 인정하셨다는 뜻이고, 그것도 둘이나 낳았으니 "내가 언니와의 경쟁에서 이겼다"고 큰소리치는 것입니다.

한 사람의 이름을 짓는 것은 정말 중요한 일입니다. 특히 고대 근동에서 이름은 그 사람의 정체성을 의미합니다. 그래서 한 인생을 향한 기도와 소망과 축복을 담아 이름을 지었습니다. 그런데 라헬은 빌하를 통해 얻은 자식들의 이름을 오직 자기를 위해 짓습니다. 언니와의 경쟁에서 이기고 하나님께 인정받음을 드러내기 위해 귀한 자식이 평생 달고 다닐 이름을 이상하게 지어 버립니다.

라헬은 반칙을 썼습니다. 아브라함의 집안에서 이런 식으로 첩을 들여 자식을 얻는 것이 얼마나 심각한 문제를 일으킬 수 있는지 우리는 이미 알고 있습니다. 아브라함이 이삭을 낳기 전에 하갈을 통해 얻은 이스마엘 때문에 얼마나 큰 어려움을 겪었는지 야곱은 아버지 이삭에게 분명히 들었을 것입니다. 야곱이 화가 나서 한 말이긴 하지만 그 말에는 진실이 담겨 있습니다. "그대를 임신하지 못하게 하시는 이는 하나님이시니."

그 말을 들은 라헬은 불임의 문제를 가지고 하나님 앞으로 나가야 했습니다. 그런데 전혀 그러지 않았습니다. 그녀는 남편이 말하는 하나님이 누구인지 모릅니다. 그래서 세상 사람들이 쓰는 것과 똑같은 방식의 대안을 들고 옵니다. 하나님의 백성을 낳고 키워야 하는 어머니로서 수준 미달의 선택을 합니다.

라헬은 분명 "빌하를 통해 자기 자식을 낳겠다"고 말했습니다. 그러나 막상 빌하가 낳은 두 아들을 자기 아들로 여길 수 없었던 모양입니다. 진짜 자기 자식으로 생각했다면 최고의 축복을 담아 이름을 지어 주었을 테지요. 그러나 두 아들의 이름에는 그런 축복이 전혀 반영되지 않았습니다. 환하게 웃으며 목소리 높여 아기들에게 이름을 붙이고 있지만 주변 사람들은 느낍니다. 라헬이 정말로 즐거워하는 게 아니라는 것을요. 몸종 빌하의 출산 앞에서, 아이를 낳지 못하는 자기 몸에 대한 라헬의 두려움이 확신이 됩니다. 그런데 이 상황을 인정하면 너무 비참하니 오히려 환하게 웃으며 소리 높여 외칩니다. 라헬은 지금 '정신승리'를 하고 있습니다.

라헬은 몸이 아름답고 얼굴이 예쁜 여인이었습니다. 양떼를 들판으로 데려가 돌볼 만큼 강인한 여인이기도 했습니다. 그런데 지금은 라헬의 아름다움을 찾아볼 수 없습니다. 분노와 시기가 그녀를 망쳐 놓았습니다. 집안 사람 모두가 그녀의 눈치를 봅니다. 그녀는 소리 지르고 화내며 죽어 버리겠다고 남편을 위협합니다. 자기가 원했던 대로 대리모를 통해 두 아들을 얻었지만 온전히 만족하지 못하고 사랑하지 않습니다. 심지어 아기들에게 자신의 비참한 심정이 투영된 이상한 이름을 붙입니다. 그녀는 더이상 아름답지 않습니다.

두 번째 반칙: 변화되어 가는 레아

레아는 이미 야곱에게 네 명의 아들을 낳아 주었습니다.

라헬의 언니이고 일주일 차이지만 첫째 부인입니다. 모든 점을 고려할 때, 집안의 안주인은 레아여야 했습니다. 그러나 꽤 오랜 세월이 지났음에도 그녀는 안주인이 될 수 없었습니다. 레아는 아버지 라반의 탐욕 때문에 자기 의지와 상관없이 야곱과 결혼해야 했습니다. 아버지는 야곱이라는 유능한 노동력을 더 오래 붙들어 놓기 위해 그녀를 희생제물로 삼았습니다. 레아는 야곱이 동생 라헬을 사랑하고 있다는 사실을 알았지만, 아버지에게 떠밀려 정체를 숨기고 야곱과 첫날밤을 보내야 했습니다. 자기를 사랑하지 않는 남자와 타의에 의해 결혼하는 레아의 마음은 어땠을까요?

고대사회가 대부분 그러하듯 결혼은 집안 어른들이 결정하는 경우가 많아 레아는 이 상황에 말없이 순종해야 했을 것입니다. 그래도 야곱이 일주일 후에 원래 원했던 라헬과도 결혼하게 되었으니 자신을 그렇게 많이 미워하지는 않을 것이라고 생각했을 테지요. 시간이 흐르면 야곱도, 라헬도 자신을 용서해 주리라고 조금은 기대했을 것입니다. 아들을 여럿 낳아 주면 야곱의 마음을 조금이라도 얻으리라는 소망도 있었을 것입니다. 하지만 그런 마음으로 하루하루를 견디는 레아를 야곱은 전혀 사랑하지 않았습니다.

여호와께서 레아가 사랑받지 못함을 보시고 그의 태를 여셨으나(창 29:31).

레아의 태가 열리고 아들 넷이 연달아 태어난 이유를 설명하는 말씀입니다. 하나님께서 보시기에 야곱이 너무 심하게 레아를 사랑하지 않았던 것입니다. 너무 대놓고 라헬만 사랑하고 레아를 미워했던 것입니다. 레아를 아내로 대접하지 않았습니다. 레아는 아내로서 마땅히 받아야 할 사랑을 받지 못했습니다. 하나님께서 그런 레아를 위로하기 위해 그 태에 자녀를 주십니다. 아들들의 이름에는 그녀의 기대와 신앙이 담겨 있습니다.

- 르우벤: 여호와께서 나의 괴로움을 돌아보셨으니 이제는 내 남편이 나를 사랑하리로다(창 29:32).
- 시므온: 여호와께서 내가 사랑받지 못함을 들으셨으므로 내게 이 아들도 주셨도다(창 29:33).
- 레위: 내가 그에게 세 아들을 낳았으니 내 남편이 지금부터 나와 연합하리로다(창 29:34).
- 유다: 내가 이제는 여호와를 찬송하리로다(창 29:35).

레아는 르우벤을 보며 하나님이 그녀의 어려운 마음과 고통을 돌아보는 분이심을 확신합니다. 시므온을 보면서는 하나님이 그녀의 사랑받지 못함을 들으시는 분임을 고백합니다. 레위를 보면서는 이제 세 명의 아들을 낳아 주었으니 남편이 자신을 더이상 멀리하지 않을 것이라는 기대감을 표현합니다. 그러나 레아의 기대는 이루어지지 않았습니다. 아들을 셋이나 낳아 주었는데도 야곱의 마음은 전혀 레아에게 돌아서지 않았습니다. 그에게는 여전히 보기에 좋은 라헬뿐입니다.

레아가 넷째 아들을 낳고 그 이름을 지을 때 그녀의 성숙함이 정점에 이릅니다. 유다, 이 이름에는 남편에 대한 어떤 감정도 들어 있지 않습니다. 자신에 대한 감정도 담지 않았습니다. 여기에는 오직 여호와 하나님의 이름만 있습니다. 내가 이제는 남편이나 나의 상황과는 무관하게 여호와 하나님을 찬양하겠다는 선언입니다.

레아는 고통의 시간을 지나며 변화되었습니다. 첫 아들을 낳을 때에도 여호와 하나님에 대한 신앙이 있기는 했습니다. 그 하나님은 그녀의 이야기를 듣고 그 상황을 돌아보시는 분이었습니다. 그러나 고통스러운 상황은 해결되지 않았습니다. 긴 세월이 지나 이제 그녀는 넷째 아들의 이름을 빌어 자신의 깨달음을 고백합니다. "나의 상황이나 남편과 무관하게 당신은 찬양받기에 합당하신 분입니다."

레아의 변화는 완전하지는 않았습니다. 라헬이 반칙을 써서 몸종 빌하를 통해 두 아들을 낳고 기고만장할 때, 그녀도 반칙을 씁니다. 자신의 몸종 실바를 야곱에게 주어 아들을 더 낳아야 한다고 주장하고, 이를 실행에 옮겨 두 아들을 얻습니다. 갓과 아셀입니다.

- 갓: 복되도다(창 30:11).
- 아셀: 기쁘도다(창 30:13).

레아는 남편의 반응에 연연하지 않습니다. 이전처럼 사랑을 갈구하지 않습니다. 하루하루 주어지는 삶 속에서 복과 기쁨을 누리고 있습니다. 합환채 사건 이후에 레아는 직접 두 아들을 더 낳습니다. 잇사갈과 스불론입니다.

- 잇사갈: 내가 내 시녀를 내 남편에게 주었으므로 하나님이 내게 그 값을 주셨다(창 30:18).
- 스불론: 하나님이 내게 후한 선물을 주시도다 내가 남편에게 여섯 아들을 낳았으니 이제는 그가 나와 함께 살리

라(창 30:20).

레아는 여전히 남편과 함께하고 싶습니다. 아들을 여섯이나 낳아 준 자신에게 여전히 마음을 주지 않는 야곱이 밉습니다. 가능하면 그녀에게도 마음을 주기를 원합니다. 마지막에 낳은 스불론의 이름에는 그런 마음이 담겨 있기는 합니다. 그러나 잇사갈과 스불론이라는 이름은 하나님께서 주신 것에 대한 감사를 담은 고백입니다.

레아는 완전하지는 않지만 남편에게 사랑받지 못하는 슬픈 현실, 동생에게 존중받지 못하는 서러운 현실 속에서 끊임없이 하나님을 만났습니다. 하나님의 성품이 어떠하며 무슨 일을 행하시는지 배워 갑니다. 그리고 가장 소중한 아들들의 이름에 하나님을 향한 깨달음을 담습니다. 믿음 없는 야곱 집안에서 하나님의 마음을 알고 가르치는 영적 어머니로 점점 성숙해 가고 있습니다.

레아의 판정승: 합환채 사건

자식낳기 전쟁이 한창 치열할 때 사건이 하나 일어납니다.

밀 거둘 때 르우벤이 나가서 들에서 합환채를 얻어 그의 어머니 레아에게 드렸더니 라헬이 레아에게 이르되 언니의 아들의 합환채를 청구하노라(창 30:14).

레아의 큰아들 르우벤이 들에 나갔다가 무언가를 구해 옵니다. 합환채입니다. 이것은 구약판 비아그라입니다. 다음은 '두아임'이라고도 부르는 이 식물에 대한 설명입니다. "냄새가 향긋하고 꽃도 아름다운 희귀 식물인 멘드레이크의 열매로서, 당시 근동에 사는 여성들에게 최음제, 남성들에게는 강장제로 여겨져 '사랑의 과실'로 불렸다." 이것 때문에 레아와 라헬 사이에 다툼이 일어났습니다. 라헬은 르우벤이 합환채를 구했다는 말을 듣고 찾아와 내놓으라고 떼를 씁니다.

레아가 그에게 이르되 네가 내 남편을 빼앗은 것이 작은 일이냐 그런데 네가 내 아들의 합환채도 빼앗고자 하느냐 라헬이 이르되 그러면 언니의 아들의 합환채 대신에 오늘밤에 내 남편이 언니와 동침하리라 하니라(창 30:15).

합환채를 내놓으라는 말도 안 되는 동생의 요구에 레아

가 분노하며 소리를 지릅니다. "네가 내 남편을 빼앗은 것이 작은 일이니? 이번에는 내 아들의 합환채도 빼앗으려고? 정말 해도 너무한다." 이에 라헬이 한발 물러서며 조건을 겁니다. "합환채를 주면 오늘밤에 내 남편을 언니 천막으로 보낼게. 그 권한과 바꾸자!" 레아는 라헬의 제안을 받아들여 합환채를 내주고 남편과 동침할 순번을 받습니다. 그리고 라헬의 의도와 정반대되는 일이 일어납니다. 그날 레아가 또다시 다섯째 아들을 임신한 것입니다.

> 16 저물 때에 야곱이 들에서 돌아오매 레아가 나와서 그를 영접하며 이르되 내게로 들어오라 내가 내 아들의 합환채로 당신을 샀노라 그 밤에 야곱이 그와 동침하였더라 17 하나님이 레아의 소원을 들으셨으므로 그가 임신하여 다섯째 아들을 야곱에게 낳은지라 (창 30:16-17).

이 에피소드가 왜 레아와 라헬의 자식낳기 전쟁의 한복판에 있는 걸까요? 자식을 낳고자 하는 이 모든 일들의 배후에 누가 있는지 우리에게 가르쳐 주기 위함입니다.

라헬과 레아는 야곱의 입을 통해 "임신하지 못하게 하시는 이는 하나님이시다"(2절)라는 말을 들었습니다. 태를 열

기도 하고 닫기도 하시는 분이 하나님이라는 말입니다. 여호와 하나님께서 '모든 생명의 주관자'이심을 두 사람 모두 들었습니다. 그러나 라헬은 그 말을 믿지 않았습니다. 그래서 구하기 힘든 합환채를 수중에 넣기만 하면 자기도 아들을 낳을 수 있다고 믿었습니다. 그것을 얻기 위해서라면 남편과의 동침권도 넘길 정도였습니다.

한편, 레아는 달랐습니다. 그는 네 자녀를 통해 고백했듯이 여호와 하나님께서 보시고 들으시고 주시는 분임을 믿었습니다. 찬양받기에 합당하신 분임을 알았습니다. 태의 열고 닫음이 하나님께 달려 있지 합환채에 있지 않음을 알았습니다.

그래서 어떤 믿음의 결단을 합니까? 여호와 하나님을 신뢰함으로 고대사회의 비아그라인 합환채를 내줍니다. 그녀의 선택을 기뻐하신 하나님께서 그녀에게 다섯째 아들을 주십니다. 레아는 그 아들에게 '대가', '값의 의미'를 가진 잇사갈이라는 이름을 지어 줍니다. 믿음의 선택을 한 그녀에게 하나님께서 주신 상이라는 뜻입니다. 믿음으로 그녀가 한 선택이 옳았음을 증명하기 위해 하나님께서 주신 아들이라는 말입니다.

합환채 사건을 보면 레아의 상태와 라헬의 상태가 점점

어떻게 흘러가고 있는지 알 수 있습니다. 생명의 주관자가 누구인지 아는 레아와 여전히 인간적인 방법으로 생명을 구하는 라헬의 모습이 대조되고 있습니다.

성도 여러분, 성도는 삶으로 자신이 누구인지를 증명하는 사람입니다. 처음에는 별 차이가 나지 않을지 모릅니다. 그러나 마음의 중심이 하나님의 진리에 연결되어 있는 이들은 그 진리가 인생을 이끄는 것을 경험합니다. 점점 더 진리에 합당한 사람으로 빚어져 갑니다. 우리 성도들의 삶이 레아처럼 주님의 손에 빚어져 가기를 축원합니다.

아무것도 하지 못하는 야곱

이제 이 이야기의 세 번째 인물 야곱을 살펴볼 차례입니다. 계속해서 야곱을 살펴보고 있기 때문에 이 장에선 간단하게 정리해 보겠습니다. 야곱은 기나긴 자식낳기 전쟁에서 가장 소극적인 인물로 묘사됩니다.

라헬이 질투에 휩싸여 죽겠다며 으름장을 놓을 때, 야곱의 반응이 정상적이지 않습니다. 그는 라헬에게 화를 내며 라헬의 태를 닫은 것이 하나님이라고 선언합니다. 틀린 말은 아니지만 이렇게 전하는 건 잘못입니다. 그는 아브라함과 이삭에게 있었던 불임 관련 이야기들을 라헬에게 들려주며 하나님을 신뢰하고 그분께 소리를 내야 한다고 말했어야 합니다. 이삭처럼 이 일을 품고 하나님 앞에 함께 나가 기도했어야 합니다.

그런데 야곱은 그저 화를 내고 끝내 버립니다. 자기 잘못이 아니고 다 하나님 탓이라는 것이지요. 게다가 비슷한 시기에 결혼한 레아는 아들을 잘만 낳는데, 네가 자식을 낳지 못하는 건 네 탓이지 나 때문이 아니라는 의미도 이 말에 포함됩니다. 라헬의 가슴을 아주 후벼팝니다. 그러고 나서 그는 아무 일도 하지 않습니다. 태어나는 자식들에게 관심이 없습니다. 아기들의 이름을 전부 아내가 짓고 있지 않습니까? 아버지로서 누릴 수 있는 최고의 권리를 행사하지 않는 것입니다. 한마디로 가정에 관심이 없습니다.

그는 하루 종일 열심히 일합니다. 나중에 라반을 통해 들어 보면 그는 탁월한 목축업자입니다. 그는 대부분의 시간을 들판에서 보냈습니다. 왜일까요? 네 명의 여자들이 싸우고 있는 집에 들어가고 싶지 않아서는 아닐까요? 아무튼 야곱은 최대한 밖에서 지내다가 가끔씩 집에 들어옵니다. 집에 들어오면 여자의 말에 따라 움직입니다.

"내 여종 빌하에게 들어가세요."

"응."

"내 여종 실바에게 들어가세요."

"응."

"합환채를 주고 당신과 동침하는 순서를 샀으니 오늘은 나와 자야 해요."

"응."

야곱은 망가졌습니다. 그는 가정에서 일어나는 엄청난 전쟁을 모른 체합니다. 자식들의 이름에 담긴 아내들의 치열한 결쟁을 못 본 척합니다. 그저 자신이 잘하는 일, 더 많은 재산을 모으는 일에만 집중합니다. 반칙은 라헬도 했고 레아도 했습니다. 그런데 야곱은 반칙을 하는 정도가 아니라 아예 '반칙왕'입니다. 집 밖에서는 성공했지요. 사람들의 인정을 받고 박수를 받는 것이 좋았을 것입니다. 그러나 그는 집 안에서 피눈물 나는 전쟁이 날마다 벌어지고 있다는 것을, 자신이 그 문제에 개입하여 바르게 지도해야 하는 가장이라는 사실을 철저히 무시한 채 자기만의 평화를 지키며 사는 무책임한 가장이었습니다.

사랑하는 성도 여러분, 특별히 가장 여러분, 또 가정에서 복음의 통로가 되기 위해 하나님께서 먼저 부르신 성도 여러분, 우리는 가만히 있어서는 안 됩니다. 진리를 가르쳐야 합니다. 기도해야 합니다. 기도의 본을 보여 줘야 합니다. 문제에 뛰어들어 그 문제를 하나님의 관점으로 해석하고 해결하고 길을 인도해야 합니다. 문제를 내버려두고 나 홀로 평화로운 길을 걸어가선 안 됩니다. 그건 반칙입니다. 겉보기에는 괜찮은 사람 같아도, 실은 '나쁜 놈'이고 비겁한 자입니다. 모두가 망가져도 나만 괜찮으면 다일까요?

이 장에서도 야곱에게 반전은 없습니다. 라반의 집에서 20여 년간 살면서 열 명의 아들이 태어나는 오랜 시간 동안 그는 배운 게 없습니다. 우리 성도들이 야곱이나 라헬의 길이 아니라 레아의 길에 서시기를 축복합니다. 고통의 시간 속에서 여호와 하나님을 발견하고, 그분의 신실하심에 기대어 하루하루를 주님이 주시는 것들로 채워 가시기를 축원합니다.

약속을 이행하시는 하나님

이제 결론입니다. 네 번째 인물에 대한 이야기입니다. 누구일까요? 여호와 하나님이십니다. 2절에서 만난 하나님은 '태를 열고 닫는 분'이십니다. 그 하나님은 라헬과 레아와 야곱의 자식낳기 경쟁 속에서 무얼하고 계실까요?

> 여호와께서 레아가 사랑받지 못함을 보시고 그의 태를 여셨으나 라헬은 자녀가 없었더라(창 29:31).

남편의 사랑을 받지 못한 레아의 슬픔을 보고 들으신 하나님께서 그녀에게 아들을 주십니다. 레아가 자식을 낳는 과정을 통해 하나님의 성품을 하나하나 발견하고, 그 하나님을 예배하는 사람으로 빚어 가십니다. 합환채 사건을 통해 생명을 주시는 이는 오직 하나님이지 다른 것일 수 없음을 가르치십니다. 레아가 하나님 앞에서 온전히 만족함을 고백할 수 있도록 그녀를 빚으십니다.

> 하나님이 라헬을 생각하신지라 하나님이 그의 소원을 들으시고 그의 태를 여셨으므로(창 30:22).

하나님께서 그분의 때에 라헬의 태를 열어 그녀에게도 아들을 주십니다. 언제 라헬의 태를 여셨는지도 중요합니다. "그의 소원을 들으시고." 즉 라헬이 하나님께 소원을 말한 후입니다. 라헬은 더이상 합환채에 의지하지 않습니다. 남편 야곱을 독점하는 권리에 기대지 않습니다. 라헬은 드디어 하나님 앞에 엎드려 소원을 아룁니다. 오랫동안 먼길을 돌아왔지만 결국 라헬도 오직 하나님만이 자신의 태를 열 수 있는 분이심을 인정한 것입니다.

레아가 그랬던 것처럼 라헬도 하나님 앞에 엎드렸습니다. 하나님은 그 기도를 기다리셨고 기도의 응답으로 라헬의 태를 여십니다. 그동안 라헬을 버리신 게 아닙니다. 라헬은 이 정도까지 와야 하나님께 엎드릴 수 있는 사람이기에 그렇게 하신 것입니다. 라헬을 위한 맞춤 계획으로 그녀를 하나님의 사람으로 빚어 가십니다.

> [13] 또 본즉 여호와께서 그 위에 서서 이르시되 나는 여호와니 너의 조부 아브라함의 하나님이요 이삭의 하나님이라 네가 누워 있는 땅을 내가 너와 네 자손에게 주리니 [14] 네 자손이 땅의 티끌같이 되어 네가 서쪽과 동쪽과 북쪽과 남쪽으로 퍼져 나갈지며 땅의 모든 족속이 너와 네 자손으로 말미암아 복을 받으리라(창 28:13-14).

벧엘에서 야곱에게 임한 하나님의 약속입니다. 하나님은 야곱을 통해 한 민족을 만들겠다고 약속하셨고, 그의 집안에 태를 여셨습니다. 레아와 라헬, 빌하와 실바, 거기다 가정을 전혀 돌보지 않고 믿음으로 훈련시키지 않는 망가진 가장 야곱. 이들이 만들어 내는 이야기를 보면 반칙 투성이입니다. 여기에 무슨 선한 것이 있을까 하는 생각이 듭니다.

그런데 이 지저분한 가정사 속에서 하나님은 일하고 계십니다. 아무도 하나님의 약속을 생각지도 않고 있는데, 그 와중에 하나님은 당신이 한 약속을 이루고 계십니다. '그 민족'의 조상이 될 이들을 하나하나 만들어 가십니다. 열두 지파로 이루어질 하나님 나라의 백성, 열두 지파의 시조가 될 이들이 지금 엉망진창인 야곱의 가족사 속에서 만들어지고 있습니다.

오늘날 이 시대는 반칙왕이 좋은 것을 다 챙겨 가는 것 같습니다. 신실하고 성실하게 살기보다 반칙을 써야 더 많은 걸 얻는 것 같습니다. 그래서 남몰래 반칙왕을 꿈꾸는지도 모릅니다. 그러나 우리는 그렇게 살 수 없습니다. 우리의 왕이신 하나님께서 '신실왕'이시기 때문입니다.

그분은 너무나 성실하게 당신의 일을 오늘도 행하고 계십니다. 사랑받지 못하던 레아를 찬양하는 레아로 바꾸십니다. 기도하지 않던 질투의 화신 라헬을 기도하는 라헬로 바꾸십니다. 부족하고 쓸모없는 가장 야곱을 통해 당신이 약속하신 민족의 조상들을 세우십니다.

신실왕께서 반칙으로 가득한 세상을 이기십니다. 신실한 우리의 왕께서 반칙왕인 우리를 이기십니다. 하나님의 신실하심을 신뢰함으로 오늘도 그분의 손길 아래 빚어져 가는 성도가 되시기를 축원합니다.

나눔과 적용

1. 야곱이 레아와 라헬 자매와 결혼하면서 치열한 자식낳기 경쟁이 시작됩니다(1-24절). 레아와 라헬 자식들의 이름은 무엇이며 어떤 의미입니까?

   • 레아(실바)의 자식:
   • 라헬(빌하)의 자식:

2. 이런 상황을 지나며 레아와 라헬은 각각 어떻게 변화되어 갑니까?

   '합환채' 사건에서 볼 수 있는 야곱은 어떤 상태입니까?(14-16절)

3. 자기 눈에 좋은 대로, 자기 행복을 위해 한 선택이 결국 야곱에게 어떤 결과를 가져옵니까? 이러한 야곱의 역설을 경험한 적이 있다면 나눠 보십시오.

4. 혼돈의 상황에서도, 심지어 우리의 죄가 깊어지는 순간에도 하나님은 신실하게 약속을 지키시는 분입니다. 이런 하나님을 아는 것은 우리의 신앙과 일상에 어떤 영향을 미칠까요?

7
뛰는 놈 위에 나는 놈, 그 위에

(창 30:25-43)

뛰는 놈 위에 나는 놈

"기는 놈 위에 뛰는 놈, 뛰는 놈 위에 나는 놈 있다"라는 속담이 있습니다. 한 분야에서 아무리 뛰어나더라도 자기보다 더 뛰어난 이가 있음을 생각하고 자만하지 말라는 의미입니다.

야곱은 뛰어난 사람입니다. 그는 머리가 비상하고 임기응변이 뛰어났습니다. 고대사회에서 중요한 육체적 힘도 세고, 사람들의 마음을 얻는 기술도 최고였습니다. 뭐 하나 빠지는 게 없습니다. 물론 야곱의 이야기를 살펴보면서 우리가 알게 된 그의 약점이 있기는 합니다. 그는 신앙과 사생활 영역이 취약했습니다. 하나님을 의지하지 않았고 가정을 잘 다스리지 못했습니다. 그러나 이런 내면과 사적인 영역은 사람들에게 잘 드러나지 않습니다. 그는 오늘날 성공한 사람들 대부분이 그러하듯 겉으론 아무 부족함 없는 유능한 사람으로 비쳤을 것입니다.

야곱은 분명 '기는 놈 위에 뛰는 놈'이었습니다. 그런 야곱도 넘지 못하는 사람이 있었으니 그의 삼촌이자 장인인 라반입니다. 똑똑하고 철저한 사람, 적어도 돈과 관련해선 야곱이 도저히 따라갈 수 없던 사람이 바로 라반입니다. 그는 이른바 '뛰는 놈에 나는 놈'이었습니다. 본문은 뛰는 놈 야곱과 나는 놈 라반이 치열하게 머리싸움을 벌이는 내용을 담고 있습니다. 그러나 이 이야기는 모든 것을 내려다보고 계시는 또 한 분의 이야기이기도 합니다. 성경을 통틀어 가장 치열한 두뇌싸움을 벌이는 두 남자의 이야기 속에서 우리가 마땅히 만나야 할 그분을 만나시기 바랍니다.

뛰는 놈: 자기몫을 챙기려는 야곱

라반의 집에서 오랫동안 종살이를 하다시피 한 야곱은 이제 "집으로 돌아가겠다"고 말합니다. 하나님께서 아브라함에게 주신 약속을 이어야 하는 야곱은 속히 약속의 땅 가나안으로 돌아가야 했습니다. 그런데 라헬이라는 여인을 만나 돌아갈 날이 한없이 늦춰졌습니다. 라반에게 속아 그 기간은 두 배가 되었지요. 야곱은 신부 지참금을 갚기 위해 장장 14년간 무급으로 노동을 해야 했습니다. 마침내 약속 기한이 지났고, 불임으로 고통받던 라헬도 수년이 지나 요셉을 낳았습니다. 이제야말로 떠날 때가 되었습니다.

> 25 라헬이 요셉을 낳았을 때에 야곱이 라반에게 이르되 나를 보내어 내 고향 나의 땅으로 가게 하시되 26 내가 외삼촌에게서 일하고 얻은 처자를 내게 주시어 나로 가게 하소서 내가 외삼촌에게 한 일은 외삼촌이 아시나이다(창 30:25-26).

이때 야곱의 나이는 아무리 적게 잡아도 91세입니다. 야곱은 가나안 땅에서 가난하거나 불우하게 살던 사람이 아닙니다. 가나안 땅에 있는 아버지 이삭은 부유한 족장입니다. 야곱이 누구입니까? 두 배의 유산을 받기 위해 아버지를 속이고 형을 기만했던 자입니다. 어쩌다 라헬에게 반하고 라반에게 속아 긴 세월을 하란 땅에서 종살이 하듯 일하며 보냈지만, 원래 그는 그럴 사람이 아닙니다. 이제 그는 외삼촌 라반에게 가족들과 함께 고향으로 돌아갈 수 있게 해달라고 요청합니다.

이 대목에서 우리는 '야곱이 이제 정신을 차렸구나', '비로소 약속의 땅 가나안으로 가서 유업을 이으려 하는구나'라고 생각할 수 있습니다. 그러나 야곱은 이런 기대를 단번에 허물어뜨립니다. 외삼촌 라반이 "네 품삯을 정하라. 내가 그것을 주리라"고 제안하자 고향에 돌아가겠다는 말은 쏙 들어가고 곧바로 '임금협상'에 들어가니 말입니다. 야곱은 정말로 가나안에 돌아가려 한 게 아닙니다. 불평등한 계약 조건을 바꾸기 위해 고향에 가겠다고 마음에도 없는 소리를 한 것입니다. 라반이 야곱의 의도를 정확히 읽은 셈입니다.

야곱은 영민한 임금협상의 본을 보여 주고 있습니다. 일단 "집에 가겠습니다"라는 말로 시작합니다. 더이상 이 직장에 못 있겠다는 선언입니다. 갑자기 유능한 직원을 잃게 된 사장은 아쉬운 소리를 하지 않을 수 없습니다. "얼마 주면 남을 건데. 그냥 계속 우리 집에서 일하자." 이에 야곱은 그동안 자신이 올린 성과를 언급합니다.

[29] 야곱이 그에게 이르되 내가 어떻게 외삼촌을 섬겼는지, 어

떻게 외삼촌의 가축을 쳤는지 외삼촌이 아시나이다 [30] 내가 오기 전에는 외삼촌의 소유가 적더니 번성하여 떼를 이루었으니 내 발이 이르는 곳마다 여호와께서 외삼촌에게 복을 주셨나이다(창 30:29-30a).

야곱은 자신이 얼마나 많은 일을 했고, 그 일을 통해 라반이 얻게 된 게 얼마나 많은지 이야기합니다. 그리고 수익을 정당하게 분배받지 못해 서운한 마음을 표현합니다. "그러나 나는 언제나 내 집을 세우리이까"(30절b). 사장이 들어 보니 틀린 말도 아닙니다. 어떻게든 유능한 직원을 잡아야겠다고 생각한 사장은 역으로 이렇게 제안합니다. "내가 무엇으로 네게 주랴"(31절).

야곱이 정말 집에 돌아가기를 원했다면 라반이 아무리 잡아도 뿌리쳐야 했습니다. 연로한 아버지와 어머니를 뵙고 유업을 이으며 하나님의 약속이 성취되는 것을 보고 싶었다면, 아무리 좋은 조건을 제시해도 사표를 던지고 나왔어야지요. 그러나 야곱은 그렇게 하지 않습니다. 대신 미리 준비한 조건을 제시합니다.

오늘 내가 외삼촌의 양 떼에 두루 다니며 그 양 중에 아롱진 것과 점 있는 것과 검은 것을 가려내며 또 염소 중에 점 있는 것과 아롱진 것을 가려내리니 이 같은 것이 내 품삯이 되리이다(창 30:32).

야곱은 정해진 연봉이 아니라 성과급을 요구하고 있습니다. 자기가 돌보는 외삼촌의 양과 염소 중에 털에 무늬가 있는 양과 염소만 나중에 받겠다는 것입니다. 이는 당시 목자들의 일반 품삯에 비하면 적은 것입니다. 당시 근동의 목자들은 자신이 돌보는 주인의 양 떼에서 나오는 털과 고기, 우유 등의 부산물 일부와 2할 정도의 양 떼를 품삯으로 받았습니다. 야곱이 라반에게 요구하는 건 그것의 절반 정도밖에 되지 않습니다. 양과 염소 중 털에 아롱진 것과 점 있는 것과 검은 것의 비율이 1할을 조금 넘기 때문입니다.

야곱은 임금협상을 준비하며 외삼촌 라반에 대해 생각해 보았을 테지요. 이제까지 겪어 본 라반은 보통 사람이 아니었습니다. 그래서 야곱은 많은 수익이 아니라 안전한 수익을 선택합니다. 양 떼 중에서 임의로 20퍼센트를 받겠다고 하면 외삼촌의 마음이 바뀔 수 있으니 눈에 확연히 드러나 번복할 수 없는 10퍼센트만 받겠다는 것입니다. 누가 봐도 수긍할 수 있는 양들만 자기 양으로 삼겠다는 것입니다.

지금 야곱은 어떻게 해서든 설령 적더라도 '자기 몫'을 가지고자 합니다. 하란에서 살아 온 동안 아무 소득 없이 부양 가족만 늘어 있는 상황이 싫었기 때문입니다. 적든 많든 수고한 만큼 모은 게 있기를 바랐습니다. 빈털터리로 고향에 갈 순 없으니까요. 금의환향하고 싶은 마음이 왜 없을까요? 그는 양을 돌보는 일이라면 자신 있습니다. 양 떼 전체를 크게 늘리면 자신도 더 큰 수익을 낼 수 있다고 확신합니다. 그렇게 자기 몫을 챙길 일에 착수합니다. 야곱은 확실히 기고 걷는 자들 위에 '뛰는 놈'이 맞습니다.

나는 놈: 한푼도 넘기지 않으려는 라반

야곱의 치밀한 계산과 임금협상에 문제가 생길 여지가 있을까요? 누가 봐도 이 조건은 사장에게 일방적으로 유리하고, 직원도 노력 여하에 따라 안정된 수익이 보장됩니다. 사장 입장에서 싫다고 할 수 없는 조건입니다. 이에 외삼촌 라반은 그 조건을 상세하게 살피고 서명합니다. 여기까지는 야곱의 의도대로 진행됩니다.

이제 삼촌의 짐승 중에 10퍼센트 정도 되는 얼룩이를

잘 돌보면 됩니다. 욕심을 내자면 이 짐승들이 새끼를 낳을 때 얼룩이가 태어날 확률이 조금이라도 더 높아지길 바라는 것일 테지요. 그런데 문제가 생깁니다. 외삼촌 라반이 전혀 예측하지 못한 행동을 합니다. 애초에 라반은 야곱의 말을 들어 주었습니다. 신세한탄도 넋두리도 부정하지 않고 들었습니다. 야곱의 능력을 칭찬하며 계속 함께하자고 청했습니다. 새롭게 임금협상을 제안하며 원하는 액수를 먼저 말해 보라고도 했습니다. 얼핏 보면 라반은 정말 좋은 사장, 마음씨 좋은 주인 같습니다. 그런데 이 모든 것은 그의 마지막 행동 하나로 착각이었음이 드러납니다.

> ³⁵ 그날에 그가 숫염소 중 얼룩무늬 있는 것과 점 있는 것을 가리고 암염소 중 흰 바탕에 아롱진 것과 점 있는 것을 가리고 양 중의 검은 것들을 가려 자기 아들들의 손에 맡기고 ³⁶ 자기와 야곱의 사이를 사흘 길이 뜨게 하였고 야곱은 라반의 남은 양 떼를 치니라(창 30:35-36).

여기서 그날은 임금협상이 이루어진 바로 그날입니다. 아마 새롭게 체결된 협상의 시행일은 그날 이후로 얼마가 지난 시기일 테지요. 야곱은 그날 가족들에게 앞으로는 안정된 수입이 생기고 그것을 기반으로 독립할 준비를 하면 된다고 말했겠지요. 바로 그 시간에 라반은 행동에 나섭니다. 단 하루도 지체하지 않습니다. 협상을 맺은 바로 그날, 그는 직접 양 떼로 가서 얼룩이들을 선별해 아들들에게 맡기며 야곱이 목축하는 곳에서 사흘 길 떨어진 곳에 가서 목축하라고 지시합니다. 야곱이 돌보던 짐승들 중에 10분의 1을 차지하는 얼룩이를 주지 않는 것은 물론, 앞으로 야곱이 돌보는 양 떼에서 얼룩이가 나올 비율을 최소화하는 조치를 취한 것입니다.

정말이지 라반답습니다. 야곱은 많지 않더라도 안정된 수익을 확보하고 싶었고, 라반이 그 정도는 허용해 줄 것이라고 생각했습니다. 명색이 장인이지 않습니까? 그러나 그는 야곱에게 10분의 1의 짐승도 줄 마음이 없었습니다. 뛰는 야곱 위를 훨훨 나는 라반입니다. 그런데 라반이 여호와 하나님을 섬기는 사람, 표면적으론 성도였다는 사실을 우리는 짚고 갈 필요가 있습니다.

> 라반이 그에게 이르되 여호와께서 너로 말미암아 내게 복 주신 줄을 내가 깨달았노니 네가 나를 사랑스럽게 여기거든 그대로 있으라(창 30:27).

라반은 야곱을 통해 자기 재산이 늘어나는 것을 보았습니다. 그리고 그 부가 여호와 하나님께서 야곱으로 인해 자신에게 주신 복임을 깨달았다고 고백합니다. 여기에 나온 '깨달았다'는 전문 용어로 '점을 쳤다'라는 뜻으로서 좀더 점잖게 말하면 "(일상적인 방법이 아니라) 신적인 방법으로 알아냈다" 정도입니다. 라반은 점치는 사람, 어쩌면 그 집안의 종교 지도자이기도 했습니다. 그런 그의 입에서 하나님이라는 말이 나옵니다. 라반은 "양 떼가 엄청나게 늘어난 것은 분명 내가 일해서도 아니고 네가 잘나서도 아니다. 이것은 하나님께서 너를 통해 내게 주신 복이다"라고 이해하고 있습니다. 라반도 여호와 하나님이 살아계시고 역사하시는 분임을 인정하는 자, 즉 신자인 것입니다. 그는 하나님의 뜻에 순종하는 모습까지 보여 줍니다.

> 너를 해할 만한 능력이 내 손에 있으나 너희 아버지의 하나님이 어제 밤에 내게 말씀하시기를 너는 삼가 야곱에게 선악간에 말하지 말라 하셨느니라(창 31:29).

그러나 그를 움직이는 건 신앙도 아니고 가족애도 아닙니다. 돈입니다. 돈 때문에 이 모든 일들이 일어나고 있습니다. 이런 사실은 우리에게도 중요한 물음을 던집니다. 이 땅을 사는 많은 그리스도인에게서 이러한 라반의 모습이 보이기 때문입니다. 우리는 "하나님께 뜻을 구했다", "하나님께서 복을 주셨다", "하나님께서 말씀하셨다" 같은 표현을 합니다. "하나님의 뜻을 위해 산다", "하나님의 영광을 기뻐하는 것이 내 삶의 목적이다"라는 고백도 합니다. 그러면서도 막상 하루하루를 눈에 보이는 것, 엄밀히 말해 돈을 좇아 사는 경우가 너무나 많습니다.

굽어 살피시는 분: 약속대로 야곱의 몫을 챙기시는 하나님

다음 날 들판에 나가 눈앞에 얼룩이가 한 마리도 없는 것을 보았을 때 야곱은 얼마나 절망했을까요? 배신감은 또 어떻고요? 그러나 야곱은 일어나 다른 방법을 생각합니다. 그는 당시 짐승의 생식과 관련된 미신에 의지합니다.

> [37] 야곱이 버드나무와 살구나무와 신풍나무의 푸른 가지를 가져다가 그것들의 껍질을 벗겨 흰 무늬를 내고 [38] 그 껍질 벗긴 가지를 양 떼가 와서 먹는 개천의 물 구유에 세워 양 떼를 향하게 하매 그 떼가 물을 먹으러 올 때에 새끼를 배니

(창 30:37-38).

야곱은 버드나무, 살구나무, 신풍나무의 푸른 가지를 가져다가 껍질을 벗겨 얼룩덜룩하게 만듭니다. 그것을 짐승들이 주로 교미하는 개천의 물구유 앞에 세워 놓습니다. 얼룩덜룩한 나뭇가지를 보면서 교미를 하면 새끼들 중에 얼룩이가 더 많이 나올 것이라고 기대하면서 말입니다. 성경학자들은 이 부분을 여러 방식으로 연구했고 다양한 견해를 내놓았습니다. 이 나무에 실제로 효험이 있다는 견해, 교미하는 짐승의 눈에 보이는 것이 새끼의 가죽을 결정한다는 견해, 멘델의 유전법칙에 따르면 우성과 열성의 비율이 있고, 열성의 비율을 잘 활용하면 얼룩이를 얻을 수 있다는 견해 등이 그것입니다.

성도 여러분, 제가 알고 있는 신앙적, 생물학적 확신은 야곱의 이런 행동이 모두 쓸데없다는 것입니다. 민간 처방은 결코 야곱이 돌보는 짐승 가운데서 얼룩이를 나게 할 수 있는 비법이 아닙니다. 이것은 과학이 아닙니다. 생물학도 아닙니다. 같은 조건으로 아무리 실험해 봐야 얼룩이를 더 얻을 수 없습니다. 야곱이 한 일이니 뭔가 의미 있지 않을까 생각하고 싶겠지요. 야곱은 똑똑하고 목축을 잘하는 사람이니 이러한 방법으로 얼룩이를 많이 얻고 부자가 되었다고 말하고 싶겠지요. 그러나 그는 사실 아무짝에도 쓸모없는 일을 한 것입니다. 이 일은 그의 짐승이 많아지는 데 기여한 바가 없습니다. 그런데도 성경은 이 일에 인과관계가 있는 것처럼 말합니다.

> 가지 앞에서 새끼를 배므로 얼룩얼룩한 것과 점이 있고 아롱진 것을 낳은지라(창 30:39).

> 이에 그 사람이 매우 번창하여 양 떼와 노비와 낙타와 나귀가 많았더라(창 30:43).

야곱이 돌보는 흰 양과 흰 염소 떼에서 수많은 얼룩이들이 태어난 건 도대체 어떻게 설명해야 할까요? 우리는 이 현상을 야곱이 행한 미신적 민간 요법이 아니라 하나님의 특별한 일하심, 즉 기적으로 설명해야 합니다. 야곱이 무언가 효과 있는 조치를 취했기 때문이 아니라 하나님의 역사가 임한 덕분입니다. 하나님은 야곱과 라반 사이에 일어난 모든 일을 보셨습니다. 야곱이 이런 식으로 라반에게 모든 걸 빼앗기도록 내버려두실 수 없었습니다. 그래서 야곱의 인생에 또다시 찾아오십니다. 31장에 가면 얼룩이들이 늘어난 원인에 대해 야곱이 고백하는 장면이 나옵니다. 그는 자신을 쫓아온 라반의 아들들에게 외칩니다.

> 하나님이 이같이 그대들의 아버지의 가축을 빼앗아 내게 주셨느니라(창 31:9).

하나님께서 이 모든 상황 가운데로 들어오셔서 일어난 일입니다. 하나님께서 야곱을 부당하게 대하는 라반의 양 떼를 빼앗아 수고한 야곱에게 선물하신 것입니다. 왜일까요? 하나님은 약속을 지키시는 분이기 때문입니다.

창세기 29장과 30장에 나오는 두 사건은, 하나님께서 벧엘에서 만난 야곱에게 하신 약속이 그의 인생에서 어떻게 성취되는지 보여 주고 있습니다. 하나님은 야곱이 많은 자손을 낳아 큰 민족을 이룰 토대를 쌓게 될 것이라고 그에게 약속하셨습니다. 야곱은 30장에서 자식낳기 경쟁을 통해 열한 명의 아들을 이미 얻었습니다. 또 하나님은 야곱에게 네가 복을 받을 것이고, 그 복을 다른 사람에게 나눌 것이라는 말씀도 하셨습니다. 30장 후반부에서 야곱은 바로 이 풍요를 누립니다.

야곱도 라반도 생각지 못한 게 있습니다. 뛰는 놈 야곱, 그 위에 나는 놈 라반이 있었다면, 그 둘을 위에서 굽어 살피는 분이 계셨습니다. 바로 우리 하나님이십니다. 하나님께서 이 모든 상황을 당신이 원하는 방향으로 이끌고 계십니다. 야곱은 자기 정도의 머리면 인생의 문제를 스스로 해결할 수 있다고 생각했습니다. 라반은 자기 정도의 지혜와 힘이면 충분히 자기 재산을 지킬 수 있다고 생각했습니다. 그러나 위에서 굽어 살피시는 분, 우리 하나님께서 그들의 무대에 오시면 그들은 아무것도 아닙니다.

사랑하는 성도 여러분, 때로 우리 하나님은 너무 멀리 계시는 것 같습니다. 내 힘과 능력만 가지고 이 세상을 살아야 하는 게 아닌가 싶을 때가 많습니다. 그래서 우리는 갖은 궁리를 하며 인생의 길을 준비하고 그 길에서 성공하기를 기대합니다. 그러나 기억해야 합니다. 우리를 굽어 살피시는 하나님의 눈에 나의 그런 행동들이 어떻게 보일지 말입니다.

> 여호와께서 집을 세우지 아니하시면 세우는 자의 수고가 헛되며 여호와께서 성을 지키지 아니하시면 파수꾼의 깨어 있음이 헛되도다 너희가 일찍이 일어나고 늦게 누우며 수고의

떡을 먹음이 헛되도다(시 127:1-2).

여호와께서 세우시지 않는 집은, 여호와께서 지키시지 않는 성은, 여호와께서 함께하시지 않는 수고는 다 헛됩니다. 굽어 살피시는 분과 함께하지 않는 무엇도 이 땅에 남아날 수 없음을 기억하고, 이 모든 것을 굽어 살피시는 우리 하나님과 동행하며, 그분의 뜻을 묻고 듣고 순종하며 사시기 바랍니다. 우리 성도들이 하나님의 기적을 누리고 감탄하며 살아가는 복된 인생이 되기를 축원합니다.

너무 늦게 일하시는 하나님?

마지막 남은 질문입니다. 하나님께서 너무 늦게 개입하시는 건 아닐까요? 어차피 개입하실 거라면 조금 일찍 하시면 더 좋을 텐데요. 야곱이 14년에 6년을 더해 20년이나 라반의 집에서 종살이를 했어야 했느냐는 것입니다. 20년은 너무 길다는 생각이 듭니다. 이것은 하나님의 때와 관련된 질문입니다.

물론 때는 하나님께서 정하십니다. 그런데 그때를 정하는 그분의 보편적인 방법이 있습니다. 바로 하나님의 일하심을 구하는 이들의 간절한 기대와 소원입니다. 이 상황이 나의 능력과 힘으로는 해결될 수 없으며 오직 하나님의 은혜가 임해야 해결된다는 것을 아는 이들이 하나님께 나와 엎드릴 때, 하나님께서 기도 응답으로 일하십니다. 야곱은 지난 20년 동안 하나님 앞에 나오지 않았습니다.

야곱은 문제 해결을 위해 임금협상을 해봅니다. 어떻게 해서든 원하는 바를 받아 낼 만한 방식으로 자신의 임금을 결정합니다. 그러나 협상이 체결된 바로 그날, 자신이 단 한 마리의 짐승도 받지 못할 수 있음을 확인했습니다. 자기보다 백 배나 머리 좋은 라반에게 속은 것입니다. 그 와중에도 야곱은 하나님께 엎드리지 않습니다. 대신에 민간의 속설과 미신을 따릅니다. 나뭇가지 껍질을 벗겨 짐승들이 교미하는 곳에 심어 놓은 것이지요. 그는 하나님 앞에 나가 자신의 비참함을 토로하지 않았습니다. 하나님의 약속에 의지해 은혜를 구하지 않았습니다. 고향에 돌아가게 해달라고 하나님께 간구하지 않았습니다. 자신과 가문을 세워 달라고 외치지 않았습니다. 하나님을 믿지 않았습니다. 여전히 자신이 똑똑하다고 생각했기 때문입니다.

하나님은 라반을 들어 야곱을 치십니다. 야곱보다 더 똑똑하고 세속적인 인물을 들어 야곱이 자신의 잘남으로는 살 수 없음을 절감하게 하십니다. 그러나 야곱은 이를 인정하지 않았습니다. 그래서 20년이라는 시간을 허비했습니다. 돌고 돌아 어쩔 수 없이 자기 지혜로는 이 세상을 살 수 없음을 인정하게 된 그때, 하나님께서 야곱의 인생 가운데 찾아오십니다.

사랑하는 성도 여러분, 지금 우리 가운데 그런 상태에 놓인 분이 있습니까? 어려움이 계속되고 문제가 도무지 풀리지 않는 분이 있습니까? 열심히 일했는데, 많이 뿌렸는데, 마셨는데, 입었는데, 임금을 받았는데 여전히 삶이 곤고한 분이 있습니까? 그것은 야곱에게 "이제는 돌아오라"는 신호였습니다. 그리고 오늘 우리를 향한 신호일 수도 있습니다.

어리고 젊을 때, 저는 탁월한 사람이 되고 싶었습니다. 이른바 '뛰는 놈'이 되고 싶었지요. 그런데 갖은 애를 써서 그 자리에 가 보니 좌절이 밀려왔습니다. 거기엔 도무지 따라잡을 수 없을 것 같은 '나는 놈'들이 있었습니다. 그런데 신앙이 성숙하고 자라면서 확신하게 된 것이 있습니다. 내게 필요한 건 '굽어 살피시는 분'이고, 그분이 내게 원하시는 건 '하나님 앞에 엎드리는 놈'이 되는 것임을요.

그러한 주님의 신호를 이해하고 이제 주님께 돌아서기

를 바랍니다. 뛰는 놈 위에 나는 놈이 있음을 인정하고, 이 모든 것을 위에서 굽어 살피시는 분이 계심을 인정하며 그분께 두 손 들고 나아갑시다. 하나님과 그분의 사랑에 항복한 이들에게 우리 주님의 특별한 은혜가 풍성하시기를 축원합니다.

나눔과 적용

1. 하란을 떠나 아버지 집으로 돌아가겠다고 선언한 야곱은 라반과 임금협상을 하며 치열한 두뇌싸움을 벌입니다(25-30절). 둘의 전략은 각각 무엇이었고, 어떤 결과로 나타났습니까?

   - 야곱의 전략:
   - 라반의 전략:

2. 우리와 '야곱-라반'의 닮은 점을 찾아보십시오. 우리가 그들처럼 행동했을 때 어떤 일이 있었습니까?

3. 하나님께서 라반을 야곱의 인생에 허락하신 이유는 무엇일까요? 만약 라반이 없었다면 야곱은 어떻게 되었을까요?

4. 본문에 하나님이 언급되고 있지 않으나 이 이야기의 결론은 하나님의 일하심을 보여 줍니다. 이 일을 통해 야곱이 알게 된 것은 무엇일까요? 또 우리가 알아야 하는 것은 무엇일까요? 학개 1장 7-11절을 읽으며 오늘 내게 주시는 말씀을 찾아보십시오.

8
그때, 그 자리

(창 32:1-32)

야곱의 천적 에서

야곱은 라반의 집에서 나올 수 있었습니다. 그 과정은 쉽지 않았습니다. 라반이 끝까지 야곱에게 임금을 주지 않으려 했기 때문입니다. 결국 야곱은 라반과 그 집안 사람들 대부분이 양털 깎는 축제에 참석한 때를 노려 가족들과 함께 자기 재산을 가지고 도망칩니다. 이후에 라반이 쫓아와 붙잡혔지만 하나님의 기적적인 개입으로 야곱은 라반과 평화롭게 결별하고 가나안 땅에 들어갑니다. "야곱을 지키고, 그를 이 땅에 돌아오게 하겠다"고 약속하신 하나님께서 그의 인생을 돌보신 것입니다. 덕분에 라반이라는 큰 산을 넘었습니다. 라반에게서 해방되었습니다.

그런데 막상 가나안 땅에 들어오니 감당하기 어려운 사람이 또 한 명 생각납니다. 에서입니다. 20여 년 전 가나안을 떠나올 때 야곱과 에서의 관계는 완전히 틀어졌습니다. 에서는 공공연하게 "아버지가 돌아가시면 야곱을 죽이겠다" 말하고 다녔습니다. 야곱은 에서에게 먼저 사람을 보내어 메시지를 전하며 상황을 파악하려 합니다.

> ⁴ 내가 라반과 함께 거류하며 지금까지 머물러 있었사오며
> ⁵ 내게 소와 나귀와 양 떼와 노비가 있으므로 사람을 보내어 내 주께 알리고 내 주께 은혜 받기를 원하나이다(창 32:4-5).

메시지의 핵심은 "내가 하란 땅에서 소와 나귀와 양 떼와 노비를 얻어 돌아간다"입니다. 이 이야기를 하는 이유는, 형 에서가 아버지의 유산을 더 차지하고 싶어서 자기를 싫어한다고 생각했기 때문입니다. 자기는 하란에서 큰 부자가 되어 아버지의 유산에 전혀 관심이 없으니 안심하라는 말입니다. 다음은 이에 대한 에서의 반응입니다.

사자들이 야곱에게 돌아와 이르되 우리가 주인의 형 에서에

게 이른즉 그가 사백 명을 거느리고 주인을 만나려고 오더이다(창 32:6).

에서는 아무 대답도 하지 않고 그저 부하들을 소집합니다. 고대사회에서 많은 수에 해당하는 400명이 모입니다. 에서는 그들을 데리고 야곱을 향해 출발합니다. 야곱의 귀향을 환영하고 오는 길을 지켜 주기 위해 나선 것일까요? 7절에서 야곱의 반응을 보면, 에서가 선한 의도로 오고 있는 게 아님을 알 수 있습니다. 야곱은 매우 두려워하고 답답해 합니다.

야곱은 머리가 좋은 사람입니다. 이 머리는 거짓말하고 사기치는 데 특화되어 있습니다. 거의 모든 일에 통했고요. 하란 땅에선 이 좋은 머리가 안 통하는 경험을 합니다. 더 머리 좋은 라반 때문이었지요. 하지만 야곱이 생각하기에 라반은 이기기가 불가능한 사람은 아닙니다. 깊이 고민해 보면 그가 무슨 생각을 하는지 대충 알 수 있습니다. 그러니 이런저런 거래를 하며 지난 20년간 한 가족으로 살아온 것이지요. 적어도 말은 통합니다. 그런데 에서는 그게 안 됩니다. 야곱이 가장 어려워하는 유형입니다.

야곱은 분명 "나는 부자여서 아버지 재산에 관심이 없

어요. 형이 다 가져요!"라고 말했습니다. 그럼 형 에서는 웃으며 "잘됐네. 그럼 아버지 재산은 내가 다 가질게"라고 대답해야 합니다. 그것이 야곱이 생각하는 정상이고 합리적인 수순입니다. 그런데 에서는 야곱의 제안에 전혀 관심이 없는 것 같습니다. 그냥 야곱을 죽이겠다는 것이지요. "난 네가 싫어. 뭐가 싫냐고? 몰라. 그냥 네가 웃는 게 싫고, 네 의도대로 되는 게 싫어. 난 널 죽일 거야. 손해가 나도 상관없어." 그리고 야곱이 전한 말에 아무 대답 없이 부하 400명을 이끌고 달려오고 있습니다. 에서는 야곱의 논리로는 해석되지 않는 사람입니다. 이해되지 않으니 설득이 불가능합니다. 야곱은 가나안에 넘어오자마자 에서라는 거대한 산을 만난 것입니다.

아름답지만 진정성 없는 기도

> 7 야곱이 심히 두렵고 답답하여 자기와 함께한 동행자와 양과 소와 낙타를 두 떼로 나누고 8 이르되 에서가 와서 한 떼를 치면 남은 한 떼는 피하리라 하고(창 32:7-8).

야곱은 일단 자기와 함께한 무리를 둘로 나눕니다. 둘

중에 하나라도 살려야겠다는 생각이지요. 그러고도 안심이 안 됩니다. 야곱의 무리는 가족과 목축하는 이들로 구성되어 있어 전투와는 거리가 멉니다. 반면에 에서는 싸울 수 있는 자들로만 구성된 집단입니다. 더욱이 에서는 유명한 사냥꾼으로 가나안 지형의 전문가이기까지 합니다. 무리를 둘로 나누었다고 해서 안전할 리 없습니다. 게다가 야곱은 라반과 맺은 상호불가침 언약 때문에 하란으로 돌아갈 수도 없습니다.

그제서야 야곱의 입에서 기도가 터져 나옵니다. 얼마 만에 하는 기도입니까? 20년 전에 벧엘에서 기도하고 이제야 기도합니다. 심지어 기도의 한 문장 한 문장이 아름답기까지 합니다.

> ⁹ 야곱이 또 이르되 내 조부 아브라함의 하나님, 내 아버지 이삭의 하나님 여호와여 주께서 전에 내게 명하시기를 네 고향, 네 족속에게로 돌아가라 내가 네게 은혜를 베풀리라 하셨나이다 ¹⁰ 나는 주께서 주의 종에게 베푸신 모든 은총과 모든 진실하심을 조금도 감당할 수 없사오나 내가 내 지팡이만 가지고 이 요단을 건넜더니 지금은 두 떼나 이루었나이다 ¹¹ 내가 주께 간구하오니 내 형의 손에서, 에서의 손

에서 나를 건져내시옵소서 내가 그를 두려워함은 그가 와서 나와 내 처자들을 칠까 겁이 나기 때문이니이다 ¹² 주께서 말씀하시기를 내가 반드시 네게 은혜를 베풀어 네 씨로 바다의 셀 수 없는 모래와 같이 많게 하리라 하셨나이다(창 32:9-12).

언뜻 보면 대단히 잘 만든 기도문입니다. 어느 정도 진심도 느껴집니다. "주께서 주의 종에게 베푸신 모든 은총과 모든 진실하심을 조금도 감당할 수 없사오나 내가 내 지팡이만 가지고 이 요단을 건넜더니 지금은 두 떼나 이루었나이다." 구약 전체에서 이렇게 멋진 기도문을 찾기가 어렵습니다.

그러나 야곱의 멋진 말솜씨에 속으면 안 됩니다. 야곱이 이제껏 어떻게 살아왔는지 우리는 보았습니다. 그의 지난 20년은 하나님의 계획을 멀리 돌아가는 시간이었습니다. 보기에 좋은 것을 좇느라 생명을 허비한 시간이었습니다. 그는 주의 은총과 진실하심을 붙들고 산 적이 없습니다. 그런데 지금 위기 앞에서 갑작스레 이렇게 멋진 말을 가지고 하나님 앞에 나오다니요. 이제껏 살아온 삶이 그가 누구인지를 말해 줍니다. 그러므로 우리는 야곱의 기도를 찬찬히 살펴볼 필요가 있습니다.

일단 야곱이 하나님을 뭐라고 부르는지 보십시오. "내 조부 아브라함의 하나님, 내 아버지 이삭의 하나님 여호와여." 그는 아직도 여호와를 "나의 하나님"이라고 부르지 않습니다. 여호와 하나님의 존재를 믿지만 그 하나님이 내 삶을 소유하는 것은 아직 허락할 수 없다는 표현입니다. 기도의 핵심은 "주께서 전에 내게 은혜를 베풀겠다고 약속하셨습니다"에 있습니다. 기도의 처음과 끝인 9절과 12절에 각각 쓰인 "하셨나이다"라는 표현을 보면, 야곱은 지금 화를 내며 하나님을 원망하는 중입니다. "은혜를 베푸신다고 했잖아요. 자손이 많아질 거라고 하셨잖아요. 그런데 이게 뭐예요? 왜 에서가 군대를 끌고 오고 있나요? 혹시 그때 하신 약속을 잊으셨나요?"

사실 야곱은 하나님께 기도하고 있는 게 아닙니다. 멋진 말로 하나님께 화를 내고 있습니다. 원망하는 동시에 위협하고 있습니다. 약속을 했으면 지켜야지 왜 안 지키느냐는 것입니다. 야곱이 그렇게 말하려면 먼저 그 약속에 신실했어야 합니다. 하나님 앞에서 그분의 자녀로 살았다면 하나님께 "왜 약속을 지키지 않으세요?"라고 혹시 물을 수 있을지 모릅니다. 그러나 알다시피 야곱은 이제까지 하나님의 뜻대로 한 일이 단 하나도 없습니다. 여호와 하나님을 주인으로 인정한 적도 없습니다. 그래 놓고선 상황이 꼬이니 하나님을 원망합니다. 그의 기도가 참되지 않았다는 건 이어지는 그의 행동을 보면 확인할 수 있습니다.

응답을 기다리기보다 뇌물이 빨랐다

야곱이 거기서 밤을 지내고 그 소유 중에서 형 에서를 위하여 예물을 택하니(창 32:13).

이는 야곱이 말하기를 내가 내 앞에 보내는 예물로 형의 감정을 푼 후에 대면하면 형이 혹시 나를 받아 주리라 함이었더라(창 32:20).

야곱이 밤새 고민하고 내린 결론은 형 에서에게 엄청난 선물을 안기는 것입니다. 선물이라기보단 뇌물입니다. 좀 봐 달라는 것이지요. 그 규모가 상상을 초월합니다. 암염소 200, 숫염소 20, 암양 200, 숫양 20, 암낙타 30과 새끼, 암소 40, 황소 10, 암나귀 20, 새끼 나귀 10입니다. 이것은 거의 조공 수준입니다. 야곱은 선물을 효과적으로 전달하는 방식도 고민합니다. 선물을 다섯 그룹으로 나누어 시간 차를 두고 에서에게 도착하게 합니다. 한번에 선물을 받는 게 아니라 하나를 받고 조금 있으면 또 하나가 오고, 또 다른 하나가 오는 방식을 선택합니다. 에서의 환심을 사기 위한 고도의 심리적 기술입니다.

대학 시절 연애의 대가인 친구가 이런 말을 했습니다. 이성에게 큰 선물을 한 번 주기보단 작은 선물을 자주 주는 편이 좋다고요. 한번 큰 선물을 받기보단 여러 번 작은 선물을 받을 때 사람의 마음이 조금씩 열린다는 것이지요. 지금 야곱은 그런 기술을 쓰고 있습니다. 선물 전달 방식까지 고려하며 에서의 호감을 사려는 야곱의 노력이 눈물겹습니다.

야곱은 방금 전에 "하나님께서 지켜 주신다고 했잖습니까"라며 멋진 말들을 쏟아 놓았습니다. 그런데 다음 날 '많은 뇌물이 가져다줄 호감'을 선택합니다. 철저하게 심리적 기술을 사용합니다. 성도가 세상의 기술을 사용하면 안 된다는 말이 아닙니다. 상대방의 마음을 얻기 위해선 적절한 선물도 필요하고 심리학의 도움을 받을 수도 있습니다. 문제는 야곱이 이미 하나님의 약속을 소유하고 있는 사람이라는 데 있습니다. 하란을 떠나올 때, 이미 하나님께서 그의 꿈에 나타나 "내가 너를 지키겠다"고 말씀하셨습니다. 야곱은 가나안의 경계를 넘었을 때, 그를 지키기 위해 찾아오신 하나님도 만났습니다. 실제로 야곱을 치려고 한 라반으로부터 친히 보호하셨습니다. 그런데도 야곱은 여전히 하나님만 믿고 있을 순 없다는 태도입니다. 어쩌면 믿음이 없어도 이렇게 없을 수 있을까요? 그가 사용하는 기술은 다 불신앙에서 나온 것이었습니다.

홀로 남은 야곱, 하나님의 사람과 씨름하다

에서에게 엄청난 뇌물을 보낸 야곱은 이제 안심할 수 있었을까요? 이어지는 이야기를 보면 아닙니다. 그는 여전히 잠들지 못할 만큼 두렵고 마음이 답답했습니다. 상대가 에서이기 때문입니다. 에서는 야곱이 생각하는 정상 범위 내의 사람이 아닙니다. 외삼촌 라반이라면 이 정도의 선물에 돌변하여 야곱을 반갑게 맞이하겠지요. 그러나 털사람 에서는 도무지 예측이 안 됩니다. 선물은 선물대로 다 받고 웃으면서 그를 죽일 것만 같습니다. 그 밤에 야곱은 '내 인생에 왜 에서가 있는 걸까?'를 생각했을지도 모릅니다.

우리는 야곱의 인생에 에서가 왜 있어야 했는지 압니다.

에서가 없었다면 야곱은 절대 하나님 앞에 엎드리지 않았을 것입니다. 어떻게 아느냐고요? 우리도 우리 인생의 '에서'로 인해 하나님 앞에 나온 사람들이기 때문입니다. 내가 내 인생을 책임질 수 없다는 것, 내가 이 삶을 유지할 수 없다는 것, 심지어 나의 안전과 가정의 평안조차 만들 힘이 없다는 것을 우리 삶의 '에서'를 통해 경험했기 때문입니다.

드디어 야곱은 홀로 남았습니다. 이제야 하나님을 만날 준비가 되었습니다. 자기 지혜와 능력으로 자기 재산을 지킬 수 없고, 가족은커녕 자기 생명 하나도 보존할 수 없다는 걸 알게 된 한 인간이 하나님 앞에 홀로 섰습니다. 야곱은 가족과 남은 짐승들을 먼저 시내를 건너가게 하고 혼자 얍복 나루에 남습니다. 그날 하나님께서 야곱을 찾아오셨고 둘은 밤새 씨름을 합니다.

> 24 야곱은 홀로 남았더니 어떤 사람이 날이 새도록 야곱과 씨름하다가 25 자기가 야곱을 이기지 못함을 보고 그가 야곱의 허벅지 관절을 치매 야곱의 허벅지 관절이 그 사람과 씨름할 때에 어긋났더라 26 그가 이르되 날이 새려 하니 나로 가게 하라 야곱이 이르되 당신이 내게 축복하지 아니하면

가게 하지 아니하겠나이다(창 32:24-26).

여기에 나온 야곱의 씨름을 '기도'라고 생각하면 안 됩니다. 본문 어디서도 이 씨름을 가리켜 '강청하는 기도'라고 말하지 않습니다. 많은 목회자들이 이 구절을 가르치면서 밤새워 한 씨름을 밤새워 기도하는 철야기도로 바꿔 버렸습니다. '씨름'이라는 말에 영감을 받은 어떤 사람은 '나무뿌리를 뽑는 기도'라는 우리나라에만 있는 독특한 개념을 만들기도 했습니다. 씨름과 기도를 연결하면 온 힘을 다해 기도하는 모습이 떠오르긴 합니다. 그렇게 기도했기 때문에 하나님께서 야곱을 지켜 주셨다는 것이지요. 그러나 얍복 나루에서 벌인 씨름은 말 그대로 씨름입니다. 야곱의 환도뼈가 부러지는 장면까지 나옵니다. 힘써 기도하는데 왜 허벅지 뼈가 골절됩니까? 야곱은 온몸으로 '어떤 사람'과 실제로 씨름한 것입니다.

본문에 나오는 '어떤 사람'이 누구인지에 대해선 긴 설명이 필요하고, 학자들마다 견해도 조금씩 다릅니다. 긴 설명을 생략하고 제가 확신하는 바를 말씀드리자면, 여기서 '어떤 사람'은 이 땅에 인간의 몸을 입고 오신 하나님, 즉 제2위 하나님이신 구약의 예수 그리스도입니다. 이는 야곱의 이름을 이스라엘로 바꿀 수 있는 분이라는 데 근거합니다. 본문의 사건을 면밀히 살펴보면, 야곱이 씨름을 시작한 게 아니라 그분이 야곱을 찾아와 씨름을 시작합니다.

야곱이 하나님을 이기지 못하는 건 당연합니다. 그런데 하나님이 야곱을 이기지 못하는 건 의외입니다. 어떻게 된 일일까요? 하나님께서 야곱을 이기지 않기로 스스로 작정하셨기 때문입니다. 하나님은 야곱의 허벅지를 때려 골절시킵니다. 야곱은 엄청난 고통 속에서도 하나님을 놓지 않습니다. 씨름을 하는 동안 자신이 붙들고 있는 이가 어떤 분인지 알게 되었기 때문입니다. 야곱은 살 길이 그분의 축복을 받는 데 있음을 깨닫습니다. 드디어 야곱은 그분을 붙들고 사정합니다. "제발 저를 축복하십시오. 그렇지 않으면 놓아 드릴 수 없습니다." 야곱의 평생에 처음으로 진짜 기도가 터져 나온 것입니다.

얼마 전까지 저는 가끔 초등학생인 아들과 씨름을 했습니다. 아들은 있는 힘을 다해 저를 넘어뜨리려 합니다. 저는 넘어가 주지 않습니다. 그렇다고 아들을 넘어뜨리지도 않습니다. 한순간에 넘길 힘이 있지만 말입니다. 왜일까요? 아들과 그렇게 살을 맞대고 있는 시간이 너무 좋기 때문입니다. 아들의 가빠진 숨소리를 듣는 게 참 좋습니다. 아들이 점점 힘이 세지는 것을 느끼는 것이 좋습니다. 종종 제가 위태로워지는 것이 좋습니다. 이 부분을 읽으면 저는 이런 생각이 듭니다. '하나님께서 야곱과 살을 맞대는 시간을 즐거워하셨구나. 그래서 이기지도 져 주지도 않고 함께 한 밤을 보내셨구나.'

그 시간에 야곱도 뭔가를 느낍니다. 살과 살을 맞대고 있다가 생긴 깨달음입니다. 늘 머리로 살아온 야곱입니다. 그는 하나님을 상대할 때도 철저하게 계산했고 멋진 말만 늘어놓았습니다. 그런데 지금은 남은 게 없습니다. 지혜를 총동원해도 자기 생명 하나 지킬 수 없음을 절실히 느끼는 밤입니다.

그 밤에 찾아와 씨름을 하자는 이가 있습니다. 씨름을 시작합니다. 넘어가지 않지만 넘어뜨리지도 않는 이상한 사람입니다. 이기려고 씨름을 하는 게 아니라는 느낌이 듭니다. 심지어 환도뼈가 부러지기까지 했는데 그가 이상하게 친밀하게 여겨집니다. 문득 그가 할아버지와 아버지의 하나님이라는 느낌이 듭니다. 90년 넘는 인생 속에서 늘 함께하셨던 하나님이 지금 나와 씨름하는 이 사람이라고 느껴진 것입니다. 야곱은 태어나서 처음으로 진짜 기도를 합니다. "당신이 내게 축복하지 아니하면 가게 하지 아니하겠나이다." 드디어 야곱은 그의 하나님을 만났습니다.

내 이름은 야곱입니다

야곱의 이름이 이스라엘로 바뀌는 결정적인 부분입니다.

> 그 사람이 그에게 이르되 네 이름이 무엇이냐 그가 이르되 야곱이니이다(창 32:27).

진심을 담아 자신의 하나님께 축복을 구하는 야곱의 기도를 '그 사람'이 듣습니다. 그는 야곱에게 이름을 묻습니다. "네 이름은 무엇이냐?" 이제까지 그는 야곱의 이름도 모르고 씨름을 한 걸까요? 여호와 하나님께서 야곱의 이름을 모르신다는 건 말이 되지 않습니다. 그렇다면 왜 물으신 걸까요? 이 질문에 어떤 의미가 있는 걸까요?

야곱이 대답합니다. "내 이름은 야곱입니다."

우리는 이 대화가 뭘 의미하는지 잘 모릅니다. 왜 중요한지는 더더욱 모릅니다. 야곱은 그저 자기 이름을 말했을 뿐이지만, 이것은 인간의 구원과 관련해 세상에서 가장 중요한 대화 중 하나입니다. 이제까지 야곱은 그의 이름을 묻는 이들 앞에서 한 번도 자기 이름을 말한 적이 없습니다. "당신은 누구입니까?" 아버지 이삭이 물었고, 우물가에서 만난 라헬이 물었습니다. 야곱은 그때마다 자기 이름 '야곱'을 말하지 않았습니다. 아버지에겐 에서라고 거짓말했고, 라헬에겐 리브가의 아들 중 하나라고 소개했습니다. 그런데 밤새워 씨름한 '그 사람'에게 처음으로 자기 이름을 말합니다. "내 이름은 야곱입니다."

'야곱'의 문자적 의미는 '발꿈치'입니다. 이 단어의 또다른 뜻은 '사기꾼'입니다. 야곱은 그 이름을 싫어했고 그 이름으로 불리기도 싫어했습니다. 놀라울 정도로 그 이름처럼 살았으면서도 그 이름으로 불리고 싶어하지 않았습니다. 그런 그가 처음으로 스스로를 야곱이라고 밝힙니다.

이것은 뭘 의미합니까? "그렇습니다. 나는 사기꾼입니다. 거짓말쟁이입니다. 훌륭한 사업가가 아닙니다. 큰 재산을 만들어 귀향하는 대단한 사람이 아닙니다. 나는 배고픈 형을 등쳐먹었고, 눈먼 아버지를 속였으며, 장인의 재물을 가지고 도망나온 사기꾼입니다. 나는 여호와 하나님의 약속과 보호를 받았음에도 그 약속을 신뢰하지 않은 사람입니다. 나는 죄인입니다." 야곱은 자신을 부둥켜안고 있는 하나님 앞에서 자신이 죄인임을 처음으로 고백합니다.

야곱은 바로 여기서부터 변화됩니다. 자신이 야곱임을 인정한 때, 죄인임을 인정한 때, 자기 힘과 능력으로는 하루도 살 수 없음을 인정하고 하나님께 엎드려 축복을 구하는 지금, 바로 이때부터입니다.

성도 여러분, 주님이 우리 삶에 이렇게 찾아오셨습니다. 우리를 끌어안으셨습니다. 우리와 씨름해 주셨습니다. 우리의 땀 냄새를 맡으셨습니다. 우리의 눈물에 그분의 뺨이 젖었습니다. 이렇게 끌어안고 씨름하는 중에 그분이 나를 얼마나 사랑하시는지 알게 됩니다.

그때 우리도 이렇게 고백합니다. "하나님, 저는 죽을 수밖에 없는 죄인입니다. 저를 구원하실 이는 오직 주님뿐입니다." 그 고백을 들으신 주님이 우리를 향해 웃으며 말씀하십니다.

> 그가 이르되 네 이름을 다시는 야곱이라 부를 것이 아니요 이스라엘이라 부를 것이니 이는 네가 하나님과 및 사람들과 겨루어 이겼음이니라(창 32:28).

주님은 우리를 더이상 죄인이 아니라 의인으로 부르겠다고 말씀하십니다. 자신이 죄인임을 고백하는 우리에게 우리는 더이상 죄인이 아니고 하나님의 백성, 하나님의 자녀, 의인이 되었다고 선언해 주십니다. 우리의 삶 전체를 뒤집는 하나님의 선언입니다. 할렐루야!

얍복이 브니엘로

날이 밝았습니다. 야곱은 더이상 두렵거나 답답하지 않습니다. 야곱은 하나님과 씨름했던 장소를 봅니다. 이 장소의 이름은 '싸우다'라는 의미의 '야바크'에서 나온 '얍복'입니다. 어젯밤 이곳은 세상에서 가장 어두운 곳이었으나, 이스라엘이라는 이름을 받은 야곱의 눈에 이곳은 더이상 세상에서 가장 어두운 싸움의 장소가 아닙니다.

> [30] 그러므로 야곱이 그곳 이름을 브니엘이라 하였으니 그가 이르기를 내가 하나님과 대면하여 보았으나 내 생명이 보전되었다 함이더라 [31] 그가 브니엘을 지날 때에 해가 돋았고 그의 허벅다리로 말미암아 절었더라(창 32:30-31).

이제 이곳은 브니엘, '하나님의 얼굴'을 본 곳입니다. 야곱은 그 싸움의 한복판에서 하나님의 얼굴을 보았습니다.

떠오르는 태양 앞에서 모든 어둠이 도망가는 것을 보았습니다. 밤새워 싸운 흔적으로 그는 절뚝거립니다. 그러나 그는 마음속 깊은 곳에서 터져나오는 기쁨을 주체할 수 없습니다. '하나님의 얼굴'을 보고도 살았기 때문입니다. 그 하나님께서 나를 축복하며 내 삶에서 계속 일하실 것을 확신하기 때문입니다. 더이상 두렵지 않습니다. 더이상 답답하지 않습니다. 하나님의 평강이 그의 마음과 생각을 지키는 까닭입니다.

성도 여러분, 지금 얍복 나루에 계신 분이 있습니까? 깊은 어둠 속에 홀로 남겨진 것 같고, 에서라는 거대한 산 앞에서 막막하신 분이 있습니까?

그곳에 찾아오시는 우리 주님을 간절히 구하시기 바랍니다. 찾아와 우리와 씨름하시는 그분을 만나시기 바랍니다. 그 주님과 씨름하십시오. 절대로 그분을 놓지 마십시오. 주님을 머리로만 알던 분이 있다면 얍복에서 주님과 살을 맞대고 그분을 알아 가십시오. 씨름하는 가운데 우리 하나님이 얼마나 좋은 분인지 알아가기를 바랍니다.

또 내가 얼마나 죄인인지를 절감하기 바랍니다. 나의 죄인 됨을 진정으로 고백하기를 바랍니다. 죄인을 의인으로 바꾸시는 주님, 우리의 이름을 바꿔 주시는 주님의 놀라운 은혜를 경험하시기 바랍니다. 내가 선 곳 얍복을 한순간에 브니엘로 바꾸시고, 깊은 어둠이 한순간에 밀려나는, 우리 주님이 만드신 놀라운 구원을 경험하며 감격의 찬양을 올려드리는 모든 성도 되시기를 축원합니다.

나눔과 적용

1. 얍복 나루에서 하나님의 사자와 밤새워 씨름을 하면서 야곱의 심정은 어떻게 변화됩니까?(24-30절) 이 씨름은 그에게 어떤 의미가 있을까요?

2. 씨름 후 야곱은 '이스라엘'로 이름이 바뀝니다. 이름은 곧 그의 정체성을 의미합니다(27-28절). 각각의 의미는 무엇입니까?

   - 야곱 :
   - 이스라엘 :

   이름이 바뀌는 과정에서 어떤 일이 일어났습니까? 27절의 대화는 무엇을 의미합니까?

3. 27절의 대화를 오늘 우리의 삶에 어떻게 적용할 수 있을까요? "네 이름이 무엇이냐?"고 물으시는 주님께 뭐라고 대답하시겠습니까? 이 질문에 바르게 대답했을 때 어떤 일이 일어날지 나눠 보십시오(참조 30절).

4. 확실하게 회심을 경험하고 구원의 확신이 있습니까? 회심 후 나의 삶은 어떻게 달라졌습니까?

9
아직도 가야 할 길

(창 33:1-20)

아직도 가야 할 길

2000년 TV에 방영된 통신사 광고 중에 "사랑은 움직이는 거야"라는 시리즈가 있었습니다. 당시 신인 배우 차태현과 김민희가 등장해 삼각관계를 만드는 에피소드입니다. 둘은 이런 대화를 나눕니다.

차태현: 상관하지 말라고?
김민희: 내가 니꺼야? 난 누구한테도 갈 수 있어! 사랑은 움직이는 거야.

이 광고는 당시 젊은 세대의 연애 풍속을 반영하며 큰 인기를 끌었고 많은 버전으로 패러디되었습니다. "사랑은 움직이는 거야"라는 표현은 단순히 "이제 다른 사람을 좋아하게 됐어"라는 의미가 아닙니다. 이 표현은 40년 전에 출간되어 많은 이들에게 깊은 감동을 준 심리학자 스캇 펙의 책 『아직도 가야 할 길』에 나오는 주요 문장입니다. 이 책 이후로 심리학과 영성을 결합한 책들이 많이 나왔습니다. 스캇 펙은 이 책에서 "하나님께서 우리에게 원하시는 것은, 우리가 영적으로 성장해서 하나님과 함께 책임을 담당할 수 있게 되는 것"이라고 말합니다. 그리고 성장에 필요한 훈련이 무엇인지 설명합니다. 설명 가운데 "사랑은 움직이는 거야"라는 표현이 나옵니다.

그런데 책의 제목은 왜 '아직도 가야 할 길'일까요? 저자는 영적 성숙을 각각의 단계가 있는 과정으로 보기 때문입니다. 여기에 완성이란 없습니다. 영적 성장은 우리 안에서 계속 일어나야 하는 일입니다. 끝나지 않는 길인 셈이지요. 저는 이 제목이 좋습니다. 우리가 성숙해 가는 과정에 있고, 그 길을 걷는 동안은 바른 상태이기 때문입니다. 이것은 성경이 가르치는 지혜이기도 합니다. 바울은 자신의 영적 상태를 이렇게 서술합니다.

> ¹³ 형제들아 나는 아직 내가 잡은 줄로 여기지 아니하고 오직 한 일 즉 뒤에 있는 것은 잊어버리고 앞에 있는 것을 잡으려고 ¹⁴ 푯대를 향하여 그리스도 예수 안에서 하나님이 위에서 부르신 부름의 상을 위하여 달려가노라(빌 3:13-14).

바울은 자신이 성숙의 여정 가운데 있음을 알았습니다. 그래서 이미 달려온 길을 돌아보지 않고 아직 남아 있는 길을 본다고 말합니다. 아직도 가야 할 길이 많이 남았기에 더 열심을 내서 달리겠다는 것입니다. 우리가 평생 가야 할 길은 어떤 길일까요? 그 길을 완주하려면 어떻게 해야 할까요?

브니엘의 아침: 에서와 해후하다

야곱은 얍복 나루에서 하나님과 씨름했습니다. 그리고 하나님께 자신이 야곱이었음을 고백하고 '이스라엘'이라는 이름을 받았습니다. 야곱은 얍복에서 하나님을 만난 후, 고통과 어둠의 자리였던 얍복을 '하나님의 얼굴'을 의미하는 브니엘로 바꿉니다. 태양이 떠올랐고 야곱은 더이상 에서를 두려워하지 않습니다. 그는 믿음으로 담대하게 에서와 그의 군대를 향해 나갑니다.

야곱은 이후에 어떤 일이 일어날지 정확하게 알지 못했을 것입니다. 그가 아는 것은 한 가지입니다 "하나님께서 나와 함께하신다. 그 하나님께서 나의 삶을 신실하게 인도해 오셨고 오늘도 나와 함께하신다. 그렇기에 오늘 내 삶에 찾아온 에서라는 위기를 가장 선한 방식으로 감당하게 하실 것이다." 야곱은 하나님의 신실하심을 신뢰하게 되었습니다. 밤새 나와 씨름해 주신 하나님께서 내 삶에 함께해 주시리라는 확신입니다.

드디어 야곱 앞에 에서와 400명의 장정들이 나타납니다.

> ¹ 야곱이 눈을 들어보니 에서가 사백 명의 장정을 거느리고 오고 있는지라 그의 자식들을 나누어 레아와 라헬과 두 여종에게 맡기고 ² 여종들과 그들의 자식들은 앞에 두고 레아와 그의 자식들은 다음에 두고 라헬과 요셉은 뒤에 두고(창 33:1-2).

에서와 400명의 장정들이 들이닥쳤을 때, 야곱은 자식들을 줄 세웁니다. 여종들과 그들의 자식들, 레아와 그의 자식들, 라헬과 그의 자식들 순서입니다. 이렇게 줄을 세운 것은 앞서 무리를 둘로 나누었던 것과 의미가 같다고 보는 견해가 있습니다. 혹시 도망쳐야 할 상황에서 사랑하는 라헬과 그의 자녀를 먼저 살리겠다는 의지의 표현이라는 것입니다. 그러나 이미 들이닥친 에서의 무리를 생각해 보면, 이 설명은 설득력이 부족한 것 같습니다. 저는 이 줄 세우기가 아내들의 서열을 나타낸다고 봅니다. 높은 사람 앞에 갈 때 아무렇게 가지 않고 줄을 맞춰 가는 것처럼, 야곱은 에서 앞에서 아내들을 서열대로 세워 예를 갖춘 것입니다. 이어지는 야곱의 행동입니다.

> 자기는 그들 앞에서 나아가되 몸을 일곱 번 땅에 굽히며 그의 형 에서에게 가까이 가니(창 33:3).

야곱은 더이상 아내와 자식들 뒤에 숨지 않습니다. '모두가 죽어도 나만은 살아야 한다'고 생각지 않습니다. 야곱은 앞으로 나와 에서를 향해 몸을 일곱 번 굽히며 다가갑니다. 고대의 왕들에게 신하가 예를 갖추는 모습으로 나아가는 것입니다. 야곱은 분명 달라져 있습니다. 브니엘에서 하나님의 얼굴을 본 후 달라졌습니다. 이전의 야곱이라면 이렇게 하지 않았을 테지요. 지금 야곱은 가족들에게 위험을 떠넘기고 있지 않습니다. 중심에 서서 주도적으로 문제를 해결하고자 합니다. 이제까진 아내들에게 끌려다녔지만, 지금 이 순간 야곱은 가장 강력한 위협 앞에서 가족을 지키고 있습니다. 여호와 하나님을 만나서 그분의 은혜로 이름, 즉 존재가 바뀌었기 때문입니다.

에서가 야곱을 향해 달려옵니다. 과연 어떤 일이 일어났을까요?

> 에서가 달려와서 그를 맞이하여 안고 목을 어긋맞추어 그와 입맞추고 서로 우니라(창 33:4).

에서가 야곱을 끌어안고 입을 맞춥니다. 형제가 서로를 바라보며 울기 시작합니다. 쌍둥이 형제가 20년 만에 만났습니다. 너무나도 달라진 서로를 봅니다. 에서가 야곱을 봅니다. 20년의 세월 동안 많이 늙었습니다. 얼마 전에 왔던 종들이 전한 소식과 밤사이에 도착한 선물들을 보면 아주 화려한 옷을 입고 당당하게 나타날 것 같던 동생입니다. 그런데 생각지 못한 모습입니다. 뭘 했는지 망가질 대로 망가진 모습입니다. 옷도 더럽고 이곳저곳 상한 흔적이 있습니다. 그 동생이 왕에게 하듯 일곱 번 절을 하며 자신에게 다가오는데 심하게 절뚝거립니다. 그런 동생을 보니 에서의 마음에 긍휼이 불같이 일어납니다. 에서는 절하며 다가오는 야곱에게 달려가 그를 끌어안습니다. 두 형제는 터져나오는 감정을 주체할 수 없어 소리 내어 웁니다.

에서가 왜 이런 행동을 하는지 정확한 이유를 알 길은 없습니다. 처음부터 야곱을 환대할 마음으로 400명의 장정들을 데려온 것이라는 견해가 있습니다. 에서가 처음부터 괜찮은 사람이었다는 것이지요. 한편 다혈질이고 감정적인 에서가 복수를 계획했다가 야곱의 초라한 모습을 보고 갑자기 형제애가 터져나온 것이라며 심리학적으로 보는 견해도 있습니다. 성경에 세세한 설명이 나오지 않기 때문에 뭐라 단정지을 순 없습니다. 다만 에서의 이런 행동이 야곱이 하나님을 직면한 후 일어난 첫 번째 사건이고, 이를 통해 야곱이 하나님의 함께하심을 확실하게 경험한 것은 분명합니다. 성경은 에서의 변화를 하나님과의 만남과 연결짓습니다. 하나님은 야곱의 삶을 지키겠다고 약속하셨고 그 약속을 지키십니다. 그러니 에서가 이런 반응을 보인 것입니다. 야곱은 하나님의 큰 은혜 가운데 에서를 끌어안고 20년 만에 형제 상봉의 기쁨을 누립니다.

사랑하는 성도 여러분, 야곱은 하나님을 만났습니다. 그 하나님으로 인해 이름이 바뀌는 은혜를 경험했습니다. 그렇게 하나님과 관계가 새롭게 되었을 때, 그의 삶을 가로막고 있던 거대한 산이 옮겨지는 경험을 합니다. 야곱은 형에서와 부둥켜안고 울게 될 것이라고 생각해 본 적이 없습니다. 그런데 그런 일이 일어났습니다. 이는 산이 바다에 던져지고 그 자리가 평지가 되는 일과 같습니다. 하나님께서 야곱의 현실 문제에 역사하셨습니다.

하나님은 단지 우리 마음에 평안만 주시는 분이 아닙니다. 따뜻한 느낌만 주시는 분이 아니란 말입니다. 하나님은 지금도 이 땅의 역사를 움직이고, 개인들의 인생을 인도하고 계십니다. 하나님은 실체 없이 느낌과 감정과 신령해 보이는 영역에서만 일하시는 분이 아닙니다. 하나님은 우리가 살고 있는 이 세상에서 우리의 필요에 응하여 실제로 일하시는 분입니다.

야곱의 문제를 해결하셨던 하나님은 오늘 우리의 문제도 놀라운 방식으로 해결하실 수 있습니다. 하나님께서 우리 성도들이 지금 처해 있는 막막한 현실 속으로 들어와 역사하심으로 산이 옮겨지는 일이 일어나고, 그로 인해 성도 여러분이 하나님의 하나님 되심을 찬양하기를 축원합니다.

다시 야곱으로: 본성대로

이제 감동스러운 형제의 재회가 끝나고, 조금은 떨어져 격식을 차린 대화가 시작됩니다. 5-15절의 모든 내용입니다. 그런데 이 대화를 보면 뭔가 이상한 부분이 있지 않습니까? 대단히 감동적인 것 같으나 찬찬히 들여다보면 꺼림칙한 구석이 있습니다.

일단 6-7절에서 야곱은 에서에게 자신의 처자식을 소개합니다. 8절에서 에서는 "밤사이에 다섯 번에 걸쳐 온 엄청난 선물이 뭐냐?"고 묻습니다. 야곱은 "내 주께 은혜를 입으려 함이니이다"라고 말하며 에서에게 주는 선물이라고 대답합니다. 에서는 야곱에게 이렇게 말합니다. "내 동생아, 내게 있는 것이 족하니 네 소유는 네게 두라."

다소 당황스러운 대목입니다. 그 엄청난 선물을 마다하다니요. 게다가 그는 지금 야곱을 "내 동생아"라고 부르고 있습니다. 어쩌면 우리는 지금까지 에서를 오해했는지 모릅니다. 에서는 털사람이고 사냥꾼입니다. 경솔한 데가 있고 영적인 것에 관심도 없습니다. 그렇다고 해서 악당은 아니었던 것입니다. 의외로 인간 냄새가 풀풀 나는 사람 같습니다. "내가 널 죽이겠다고 한 건 맞지만 지금은 널 완전히 용서했다. 동생에게 이렇게 엄청난 선물을 받을 순 없다"고 하는 걸 보니 말입니다.

확실히 에서는 매력이 있습니다. 그가 결혼을 빨리 한 이유를 알 것 같습니다. 유약한 이삭이 그를 특별히 좋아했을 만도 합니다. 많은 이들이 에서를 따랐고, 그가 그들을 이끌고 에돔이라는 한 나라를 세운 데는 다 이유가 있었습니다. 에서가 신앙이 없어서 그렇지 우리가 일반적으로 생각하는 '악한 자'라고 생각해선 안 됩니다. 에서는 매우 인간적인 모습을 보여 줍니다. 심지어 야곱보다 더 나은 모습입니다. 이런 에서에게 야곱은 다음과 같이 반응합니다.

> [10] 야곱이 이르되 그렇지 아니하니이다 내가 형님의 눈앞에서 은혜를 입었사오면 청하건대 내 손에서 이 예물을 받으소서 내가 형님의 얼굴을 뵈온즉 하나님의 얼굴을 본 것 같사오며 형님도 나를 기뻐하심이니이다 [11] 하나님이 내게 은혜를 베푸셨고 내 소유도 족하오니 청하건대 내가 형님께 드리는 예물을 받으소서 하고 그에게 강권하매 받으니라(창 33:10-11).

야곱은 에서가 그 모든 선물을 반드시 받아야 한다고

말합니다. "강권하매"라는 표현은 한 번 말한 게 아니라는 뜻입니다. 결국 에서는 선물을 다 받습니다. 그 과정에서 야곱은 반복적으로 하나님을 언급합니다. 5절에 하나님의 은혜가 등장하고, 10절에는 하나님의 얼굴이 나오며, 11절에는 하나님의 은혜가 또다시 나옵니다. 그는 자기가 부자가 된 것도, 형에게 이 모든 선물을 하게 된 것도 다 하나님께 받은 큰 은혜 덕분이라고 밝힙니다.

사실 우리는 야곱의 전 재산이 하나님의 은혜의 결과가 아니라는 것과, 전날 그가 선물을 보낸 것이 하나님의 은혜를 나누기 위함이 아니라는 사실을 알고 있습니다. 이 재산 중 대부분은 라반의 소유를 훔친 것이었고, 선물을 준비한 이유는 에서에게 죽임을 당할까 봐가 아닙니까? 야곱은 에서 앞에서 솔직하지 않습니다. 신앙의 용어들을 사용하고 있으나 그 내용을 살펴보면 거짓말입니다.

성도 여러분, 종교적인 언어가 때로는 사람을 망칩니다. 종교적인 언어를 내세우면 더이상 할 말이 없기 때문입니다. '하나님의 은혜'라는 말도 그렇습니다. 야곱은 "모든 것이 하나님의 은혜입니다"라고 말하는 바람에 재물 형성 과정이나 선물을 준비했던 이유를 설명하며 자기 마음을 솔직하게 털어놓을 기회를 잃어버렸습니다. 종교적 용어 뒤에 숨어 그가 해야 할 진실한 대화를 나누지 않았습니다. 야곱의 정확한 의도를 알려면 이후에 일어나는 일들을 살펴봐야 합니다.

에서가 보니 야곱이 많은 짐승들을 데려왔는데 그 짐승들을 돌보는 종들의 숫자가 부족합니다. 동생을 만나 선물까지 받은 에서가 동생에게 함께 아버지의 집으로 가자고 제안합니다.

> 에서가 이르되 우리가 떠나자 내가 너와 동행하리라(창 33:12).

야곱은 동행을 거절합니다. 다음은 그가 내세우는 이유입니다.

> ¹³ 야곱이 그에게 이르되 내 주도 아시거니와 자식들은 연약하고 내게 있는 양 떼와 소가 새끼를 데리고 있은즉 하루만 지나치게 몰면 모든 떼가 죽으리니 ¹⁴ 청하건대 내 주는 종보다 앞서 가소서 나는 앞에 가는 가축과 자식들의 걸음대로 천천히 인도하여 세일로 가서 내 주께 나아가리이다(창 33:13-14).

"내 주도 아시거니와." 방금 만난 에서가 야곱의 사정을 어떻게 압니까? 에서는 야곱의 상황을 알 수 없습니다. "자식들은 연약하고 내게 있는 양 떼와 소가 새끼를 데리고 있은즉 하루만 지나치게 몰면 모든 떼가 죽으리니." 라반에게서 도망칠 때는 하지 않은 생각입니다. 자식들은 연약하지 않고 양 떼와 소에는 늘 새끼가 있습니다. 하루만 지나치게 몰아도 모든 떼가 죽는다는 말은 한마디로 과장입니다. 야곱은 그냥 형 에서와 함께 가는 게 싫은 것입니다. 그는 이어서 형님네가 먼저 가면 자신이 천천히 따라가 형님이 거하는 세일로 가겠다고 약속합니다. 에서는 야곱이 폐를 끼치지 않으려고 이렇게 말하는 줄 알았습니다. 그래서 야곱에게 자신의 종 얼마를 남겨 놓고 가겠다고 말합니다. 야곱은 이 말 역시 받아들이지 않습니다.

> 에서가 이르되 내가 내 종 몇 사람을 네게 머물게 하리라 야곱이 이르되 어찌하여 그리하리이까 나로 내 주께 은혜를 얻게 하소서 하매(창 33:15).

에서의 종 몇 명도 남기지 말고 그냥 가라는 것입니다. "주께 은혜를 얻게 하소서"라고 말은 멋지게 하지만, 내용은 실상 "그 종들도 다 데려가세요"라는 뜻입니다. 정신을 바짝 차리지 않으면 야곱의 말에 속을 수 있습니다. 야곱이 브니엘에서 하나님을 만난 후로 부쩍 멋진 표현이 늘었습니다. 에서는 야곱이 도대체 왜 이러는지 알 수 없습니다. 함께 있고 싶고 도움을 주고 싶고 지켜 주고 싶은데 말입니다. 형으로서 동생을 돌보고 싶은 마음이 곳곳에서 느껴집니다. 에서는 멋진 말은 할 줄 모릅니다. 다만 동생에게 실질적인 도움을 주고 싶을 뿐입니다. 야곱은 그런 에서를 밀쳐내고 있습니다. 말은 그럴 듯해도 아직 에서와 함께하는 게 싫은 것입니다. 이 이야기는 과연 어떻게 끝날까요?

멈춰 선 걸음: 엘엘로헤이스라엘

야곱이 함께하기를 원치 않음을 알게 된 에서는 야곱에게 천천히 따라오라 하고 자신이 거하는 세일로 돌아갑니다. 이제 야곱은 천천히 걸어서 세일로 가면 됩니다. 그런데 세일로 가지 않습니다. 그러면 아직 아버지가 살아계신 브엘세바로 가는 걸까요? 거기도 가지 않습니다. 그러면 이전에 하나님을 만났던 벧엘이 목적지일까요? 야곱은 그리로도 가지 않습니다. 그는 세겜으로 갑니다.

> ¹⁷ 야곱은 숙곳에 이르러 자기를 위하여 집을 짓고 그의 가축을 위하여 우릿간을 지었으므로 그 땅 이름을 숙곳이라 부르더라 ¹⁸ 야곱이 밧단아람에서부터 평안히 가나안 땅 세겜 성읍에 이르러 그 성읍 앞에 장막을 치고 ¹⁹ 그가 장막을 친 밭을 세겜의 아버지 하몰의 아들들의 손에서 백 크시타에 샀으며 ²⁰ 거기에 제단을 쌓고 그 이름을 엘엘로헤이스라엘이라 불렀더라(창 33:17-20).

'숙곳'이라는 지명이 나오니 야곱이 특정한 장소에 간 것으로 보일지 모르겠습니다. 하지만 숙곳은 번역하면 '막들'입니다. 그는 그냥 세겜 성 앞에 있는 들판에 갔습니다. 그곳에 거주하기로 결정하고 집과 축사를 지은 후, 그곳의 이름을 숙곳으로 정합니다. 유목생활을 한 야곱이 천막이 아닌 집을 짓고 짐승을 위한 축사를 지었다는 것은 무얼 의미할까요? 정착한 것입니다. 그는 형이 기다리고 있는 세일로 가지 않고 세겜 성 앞의 들판에 정착해 버립니다. 그리고 거기서 수년을 삽니다. 나중에 딸 디나에게 고통스러운 사건이 일어나지 않았다면 계속 그곳에 살았을 것입니다.

야곱은 형 에서와의 약속을 지키지 않았습니다. 아버지 이삭과의 약속도 지키지 않았습니다. 하나님과 한 약속도 지키지 않았습니다. 그는 또한번 자기가 보기에 좋은 땅에 자기가 좋아하는 방식으로 머뭅니다. 얼마 후에는 세겜 땅에 완전히 정착할 계획을 세웁니다. 세겜 성 족장의 아들들에게 자신이 거하는 땅을 백 크시타(은 일백 개)에 산 것을 보면 알 수 있습니다. 그리고 그곳에 제단을 쌓고 그 이름을 '엘엘로헤이스라엘'이라고 부릅니다.

야곱은 왜 에서가 기다리는 세일로 가지 않았을까요? 왜 아직 살아계신 아버지 집 브엘세바로 가지 않은 걸까요? 왜 하나님께서 보호해 주겠다고 약속하신 벧엘로 가지 않았을까요? 정확히 알 순 없지만 이제까지 야곱의 행동들을 미루어 생각해 볼 수 있습니다. 야곱은 에서의 권위 아래, 아버지의 권위 아래, 하나님의 권위 아래서 사는 게 싫었던 것입니다. 이제 그는 라반에게서 풀려나 자기 맘대로 살 수 있게 되었습니다. 그런데 에서와 아버지와 하나님은 모두 야곱 위에 있는 권위입니다. 야곱은 자기 뜻대로 살고 싶었고, 그런 마음을 이렇게 세겜에 머무는 것으로 드러냅니다. 창세기 33장은 야곱이 제단을 세우는 것으로 끝나고 있습니다.

거기에 제단을 쌓고 그 이름을 엘엘로헤이스라엘이라 불렀더라(창 33:20).

야곱이 생뚱맞게 세운 세겜 성 옆 숙곳의 제단은 무얼 의미할까요? 복잡하지 않습니다. 야곱이 양심의 찔림을 조금은 느낀 것입니다. 형과 아버지와의 약속을 어긴 것도 있지만 무엇보다 하나님과의 약속을 어긴 게 계속 마음에 걸렸던 것이지요. 벧엘에서 했던 세 가지 서원을 지켜야 한다는 생각이 든 것입니다. 가나안 땅으로 무사히 돌아오게 해주시면 벧엘, 자신이 돌베개를 세워 놓았던 그곳에서 여호와 하나님을 나의 하나님으로 인정하고 제단을 쌓고 십일조를 드리겠다고 서원한 일이 생각나서 계속 양심에 찔린 것입니다.

야곱은 일어나 벧엘로 가야 했습니다. 그런데 안 갔습니다. 막상 가자니 할 일이 너무 많습니다. 눈에 보이는 힘인 에서에게 선물할 때는 아깝지 않았는데, 보이지 않는 하나님을 위해 집을 세워 드리고 십일조 할 생각을 하니 마음이 답답해집니다. 아무것도 안 하자니 마음이 불편하고 약속대로 하자니 손해가 클 것 같은 것이지요.

그래서 야곱은 선택합니다. 그냥 이 동네에 제단 비슷한 것을 세우고 하나님께 서원한 내용 중 일부라도 적당히 지키자고요. 그리고 제단의 이름을 "엘엘로헤이스라엘"로 짓습니다. "이스라엘의 전능하신 하나님"이라는 뜻입니다. 그가 만난 하나님에 대한 고백을 담은 이름이지요. 이름만 보면 참 훌륭합니다. 드디어 하나님을 자신의 하나님으로 인정한 것 같습니다. 그러나 그가 제단을 쌓은 곳이 어디인지 보십시오. 그는 제단을 세겜이 아닌 벧엘에 세웠어야 합니다. 세겜에 제단을 세웠다는 것은 그가 여전히 하나님을 자신의 전능하신 주인으로 인정하지 않았다는 뜻입니다.

32장에서 야곱은 극적으로 하나님을 만났습니다. 하나님과 씨름하는 과정에서 큰 깨달음을 얻고 감격하며 자신이 죄인임을 고백했습니다. 하나님은 그런 야곱을 기뻐하시며 이스라엘이라는 새 이름을 지어 주셨지요. 하나님께서 친히 야곱의 인생에 거대한 산이었던 에서의 마음을 돌이켜 주시기까지 했습니다. 이제 야곱은 이스라엘로 이 땅에 와서 살면 됩니다.

그러나 33장 어디서도 이스라엘이라는 이름은 나오지 않습니다. 이스라엘이라는 새 이름을 얻었지만 그는 오늘도 철저히 야곱으로 살고 있습니다. 말은 은혜롭게 더 잘하고 행동은 더 세련되게 하며 종교적인 일에 열심을 내지만 그는 여전히 야곱으로 또 수년을 살아갑니다.

이스라엘로 빚어 가시는 하나님, 그 쉼 없는 은혜

형에게 또 거짓말하고, 하나님과 사람들 앞에서 또 사기치는 야곱의 모습에서 우리는 어떤 교훈을 얻을 수 있습니까? 그는 분명 거듭났고 하나님을 체험한 사람입니다. 자기 죄를 고백하고 구원이 오직 하나님께 있음을 고백했습니다. 심지어 '죄 사함' 선언까지 받았습니다. 그런데도 그는 여전히 '야곱스러운 삶'을 살고 있습니다. 그가 특별히 더 악해서 그런 걸까요? 아닙니다. 지금까지 살펴보았듯 야곱은 우리의 모습을 하고 있습니다. 그의 행각은 지극히 일반적인 하나님 백성의 실제 모습입니다.

성도 여러분, 우리는 다 하나님 백성, 즉 이스라엘이 되었습니다. 이전의 우리는 죽고, 이제 우리는 그리스도 안에서 새 것이 되었습니다. 그리스도의 피가 우리의 모든 죄를 지워서 하나님께서 우리의 죄를 더이상 찾으실 수 없게 되었습니다. 그 놀라운 은혜를 체험한 우리의 삶, 우리네 하루하루는 어떻습니까? 이스라엘입니까, 야곱입니까?

이스라엘인 우리의 삶 속에 온통 야곱이 들어 있습니다. 때로 "내가 이스라엘이 맞나" 하는 회의가 들 만큼 철저히 야곱으로 살고 있는 나를 발견합니다. 그래서 하나님께서 야곱의 인생에 이야기를 남겨두신 것입니다. 하나님은 야곱인 우리를 이스라엘로 태어나게 하시는 분인 동시에, 이스라엘이 되었음에도 야곱처럼 사는 우리를 계속해서 이스라엘로 빚어 가시는 분이기 때문입니다.

하나님의 입장에서 보면 야곱은 참 손이 많이 가는 사람입니다. 야곱만 그런 게 아니라 우리도 그렇습니다. 우리도 참 손이 많이 가고 많이 기다려야 하는 사람들입니다. 하나님께서 그렇게 우리를 기다리시고 찾아오시고 빚어 가실 것입니다. 오늘도 우리를 빚어 가실 선하신 하나님의 손길에 우리 성도들을 부탁합니다. 주님의 섬세한 돌보심 속에서 점점 더 이스라엘다워지는 여러분이 되시기를 축원합니다.

나눔과 적용

1. 하나님과 밤새 씨름하며 '브니엘'을 경험한 야곱은 믿음으로 에서 앞에 서고, 쌍둥이 형제는 20년 만에 감동적인 재회를 합니다(1-4절). 하나님의 얼굴을 본 후, 야곱의 말과 행동은 어떻게 달라졌습니까?(5-15절)

2. 야곱이 에서의 호의를 거부한 이유는 무엇일까요?

   야곱이 세겜에 땅을 사고 그 지역을 '엘엘로헤이스라엘'이라고 부른 이유는 무엇입니까?

3. '이스라엘'이라는 이름을 얻게 된 야곱을 성경은 여전히 '야곱'으로 부르고 있습니다. 야곱의 행동 중에 변화되지 않은 것은 무엇입니까? 이것은 무엇을 의미합니까?

4. 하나님의 은혜로 진정한 회심을 경험한 성도는 어떻게 살아야 합니까? 소원과 현실 사이의 큰 간격을 메꾸기 위해 우리가 함께 할 수 있는 일을 나눠 보십시오.

   • 소원:
   • 현실:
   • 함께 할 수 있는 일:

10
동상이몽, 그럼에도

(창 34:1-31)

동상이몽: 디나 강간 사건의 전말

동상이몽(同床異夢), 같은 침상에서 잠을 자도 꿈은 달리 꾼다는 말입니다. 같은 처지에 있는 사람도 속생각은 서로 다를 수 있다는 뜻입니다. 본문에 나오는 주요 두 인물의 마음을 가장 잘 표현한 것 같아 제목으로 정했습니다. 여기 중요한 협상이 있습니다. 협상 테이블에 두 사람이 앉아 있습니다. 둘은 함께 이야기를 나누지만 마음에는 상대방이 모르는 꿍꿍이가 있습니다. 둘 다 만족스러운 표정으로 협상 테이블에서 일어났습니다. 그 뒤에 충격적인 사건이 벌어집니다.

본문의 이야기는 야곱 집안에 일어난 충격적인 사건으로 시작됩니다. 레아가 낳은 딸 디나가 세겜에 구경 갔다가 그곳의 추장 세겜에게 강간을 당한 것입니다. 세겜은 이 일을 그리 대단하게 생각지 않았습니다. 디나 부모에게 적정한 신부 대금을 지불하고 디나를 데려가면 별 문제가 없다고 생각했습니다. 그래서 디나를 아내로 맞이할 수 있게 해 달라고 아버지 하몰을 통해 전갈을 보냅니다.

> 내 아들 세겜이 마음으로 너희 딸을 연연하여 하니 원하건데 그를 세겜에게 주어 아내로 삼게 하라(창 34:8).

매우 이상한 전개 같지만 고대 근동의 문화를 생각하면 이해하기가 어렵지 않습니다. 고대사회에서 여자가 결혼하지 않고 혼자 산다는 건 상상할 수 없는 불행이어서 이런 경우 남자 쪽에 책임을 물어 결혼하는 것이 당연했습니다. 그런데 세겜의 제안은 여기서 끝나지 않습니다. 이참에 결혼을 통해 한 민족이 되자는 제안을 합니다. 우리 자식들끼리 결혼을 시키고, 우리가 함께 거주하며, 우리의 땅을 사고, 그 땅을 유산으로 물려주자는 모든 표현들은 "하나로 합치자"는 말입니다.

> ⁹ 너희가 우리와 통혼하여 너희 딸을 우리에게 주며 우리 딸
> 을 너희가 데려가고 ¹⁰ 너희가 우리와 함께 거주하되 땅이 너
> 희 앞에 있으니 여기 머물러 매매하며 여기서 기업을 얻으
> 라 하고(창 34:9-10).

하몰은 디나를 며느리로 보내 주면 디나의 아버지와 오빠들에게 충분히 사례하겠다고 말합니다. 많은 혼수와 예물을 챙겨 줄 것이라는 말도 덧붙입니다. 적극적으로 디나를 데려가려 합니다. 이에 야곱의 아들들이 보인 반응은 '조건부 예스'입니다. 그들이 내건 조건은 할례였습니다.

> 야곱의 아들들이 그들에게 말하되 우리는 그리하지 못하겠
> 노라 할례 받지 아니한 사람에게 우리 누이를 줄 수 없노니
> 이는 우리의 수치가 됨이니라(창 34:14).

세겜 성 사람들은 할례를 받지 않았기 때문에 우리의 누이를 데려갈 수 없다는 말입니다. 이제라도 모두 할례를 받는다면 누이를 데려갈 뿐 아니라 하몰의 제안도 다 시행할 수 있다고 말합니다. 이에 하몰은 세겜 성 사람들을 설득해 모든 성인 남자들에게 할례를 행합니다. 그리고 사흘

후 통증이 심해 쉽게 거동할 수 없을 때, 야곱의 아들들이 세겜 성을 기습해 성인 남자들을 전부 죽이고 세겜의 짐승과 자녀와 아내들을 약탈합니다. 이 모든 일은 야곱이 모르는 사이에 일어났습니다. 나중에야 사건의 전말을 들은 야곱은 탄식합니다.

> 야곱이 시므온과 레위에게 이르되 너희가 내게 화를 끼쳐 나로 하여금 이 땅의 주민 곧 가나안 족속과 브리스 족속에게 악취를 내게 하였도다 나는 수가 적은즉 그들이 모여 나를 치고 나를 죽이리니 그러면 나와 내 집이 멸망하리라(창 34:30).

너희가 성질대로 저지른 일 때문에 주변의 모든 가나안 족속들의 공격을 받아 우리가 곧 망하게 되었다는 탄식입니다. 이에 아들들이 대답합니다.

> 그들이 이르되 그가 우리 누이를 창녀같이 대우함이 옳으니이까(창 34:31).

디나가 세겜에 가서 강간당하고 강간범 집에 억류된 것

은 대단히 슬프고 비참한 일입니다. 범죄의 대상이 되었으니까요. 그러나 그 일로 성읍의 모든 남자들을 죽이고 그들의 아내와 자녀들과 재산을 약탈한 것은 더 큰 악이고 범죄입니다. 그런 일이 지금 하나님께서 택하신 백성, 하나님께서 이름을 친히 바꿔 주신 야곱의 자식들에 의해 일어났습니다. 이 충격적인 사건에서 우리는 무엇을 봐야 할까요? 성경은 왜 이 불미스러운 일을 기록하고 있는 걸까요? 본문에 나오는 핵심 인물들의 말과 행동을 살펴보며 그들의 의도를 파악해 보겠습니다.

세겜이 품은 생각

일단 세겜 성 성주인 세겜과 그의 아버지 하몰이 품은 생각입니다. 세겜은 자기 성읍에 놀러 온 성 밖 들판에 사는 야곱의 딸 디나를 만났습니다. 그리고 그녀를 강제로 더럽혔습니다. 본문 여러 곳에 세겜이 디나를 사랑했다는 표현이 나옵니다만, 이 사건을 세겜이 정욕을 참지 못해 일으킨 사건으로 보면 안 됩니다. 그는 세겜 족속의 추장입니다. 철없는 젊은이가 아닙니다. 그는 그 지역의 최고 권력자입니다. 이후에 세겜 성 남자들에게 할례를 행하라고 설득하는 장면에서, 그는 이 결혼이 단순히 자신의 정욕 때문이 아니라 모두의 이익을 위함이라고 말합니다.

10절, 16절, 22절을 보면 그는 이 결혼과 상거래를 통해 야곱 집안을 세겜 족속으로 완전히 흡수하려는 듯합니다. "우리와 함께 살자"는 표현이 계속 나옵니다. "한 민족이 되자"는 표현도 있습니다. 세겜은 성 밖 들판에 사는 야곱 집안이 소유한 거대한 부에 관심이 많았습니다. 그들이 세겜의 땅을 사고 싶어하는 것도 알았습니다. 땅을 산다는 것은 정착을 의미하기 때문에 먼저 적극적으로 하나가 될 수 있는 길을 야곱에게 제안하며 다가갔습니다.

이 제안은 눈에 보이는 조건들만 생각하면 대단히 매력적입니다. 이 지역에 이미 자리잡고 있는 세겜과 결혼을 통해 한 족속이 된다면 야곱은 더이상 들판에 살지 않아도 됩니다. 고대사회에서 수는 곧 힘입니다. 수가 많으면 강한 것이고 자기 소유를 지키며 더 큰 풍요를 누릴 수 있습니다. 그런 의미에서 세겜과 야곱의 결합은 누이 좋고 매부 좋은 최선의 길입니다. 세겜의 제안에 야곱의 마음이 흔들립니다.

사랑하는 성도 여러분, 우리는 세겜의 생각과 제안에서 얻어야 할 교훈이 있습니다. 이 땅, 즉 세상이 하나님의 백성들을 어떻게 대하는지에 관한 것입니다. 때로 세상은 하나님의 백성에게 고통을 주고 핍박을 가합니다. 강력한 세상의 도전 앞에 굴복하는 하나님의 백성은 어느 시대에나 있지만, 고난과 핍박보다 더 강력한 세상의 공격이 있습니다. 바로 본문에서 세겜이 하는 공격입니다. 하나님의 백성들도 좋아할 만한 것을 제안하며 유혹하는 것입니다. "그렇게 피곤하게 하나님 말씀을 붙들고 살 필요가 있어요?" "그냥 우리와 하나가 되어 함께 이 세상을 잘 누리며 삽시다!" 세상의 유혹은 어느 때든 더 많은 성도들로 하여금 하나님의 백성 된 삶을 포기하게 만드는 공격입니다.

가나안 땅에는 별명이 있습니다. 바로 "그 거주민을 삼키는 땅"(민 13:32)입니다. 그 안에 들어온 이들을 그들과 하나가 되도록 삼켜 버리는 땅이란 말입니다. 이스라엘의 정탐꾼들이 보고 두려워했던 땅이 바로 지금 야곱이 머물고 있는 가나안입니다.

성도 여러분, 우리도 세상의 달콤한 유혹을 받지 않습니까? 신앙인 티내지 말고 그냥 우리와 하나가 되어 편하게 살자는 유혹 말입니다. 끊임없이 밀려드는 세상의 유혹 앞에서 우리의 정체성을 끝까지 붙드시기를 바랍니다. 내가 그리스도 안에 있음을 끝까지 붙들고 "나는 너와 다르다"

라고 분명하게 소리 낼 수 있기를 축원합니다.

야곱의 아들들이 품었던 생각

이제 야곱의 아들들은 어떤 생각을 가지고 있는지 살펴보겠습니다. 야곱의 장성한 아들들은 누이에게 일어난 사건에 대해 세겜의 아버지 하몰과 담판을 짓고 있습니다. 그들의 모든 선택이 세겜의 모든 악보다 더 악합니다.

그들은 일단 세겜과 거짓 약속을 합니다. 세겜 성의 모든 남자들이 할례를 받는다면 디나를 세겜에게 주고 서로 통혼하고 장사하고 함께 살면서 하나가 되겠다고 합니다. 그들은 애당초 그 약속을 지킬 생각이 없습니다. 그들은 언약의 표징인 할례를 따질 만큼 하나님을 의식하는 사람들이 아닙니다. 그럼에도 할례를 조건으로 내건 이유는, 세겜 남자들의 거동을 불편하게 만들기 위해서입니다. 그들을 저항 불가능한 상태로 만든 다음에 칠 생각을 한 것입니다. 세상을 상징하는 세겜보다 더 악한 계획을 짜고 있는 하나님 백성 야곱의 아들들의 거짓말에 혀를 내두르게 됩니다.

고대사회에서 약속은 늘 그들이 믿는 신에 대한 맹세

와 연결되어 있습니다. 그런데 야곱의 아들들은 애초에 지키지도 않을 약속을 합니다. 심지어 약속의 중심에 하나님 자손의 징표인 할례라는 조건을 겁니다. 할례란 "나는 하나님의 백성입니다"라는 고백을 몸에 새기는 의식입니다.

> ^{9} 하나님이 또 아브라함에게 이르시되 그런즉 너는 내 언약을 지키고 네 후손도 대대로 지키라 ^{10} 너희 중 남자는 다 할례를 받으라 이것이 나와 너희와 너희 후손 사이에 지킬 내 언약이니라 ^{11} 너희는 포피를 베어라 이것이 나와 너희 사이의 언약의 표징이니라(창 17:9-11).

할례는 단지 의학적인 시술도, 같은 혈족임을 의미하는 표시도 아닙니다. 이것은 하나님과 연결되어 있다는 표시입니다. 그런 할례 의식을 야곱의 아들들이 거짓 약속의 도구로 쓰고 있습니다. 이것은 무엇을 의미할까요? 그들은 다 할례를 가지고 있었지만 그 의미가 뭔지 전혀 몰랐다는 것입니다. 그들은 할례를 주신 하나님을 전혀 의식하지 않은 불신자였습니다.

더욱이 그들은 대규모로 살인을 저지른 살인마들입니다. 고대사회에선 전쟁이 끊임없이 일어났고 자기를 지키기 위해 상대방을 죽이는 일이 종종 있었습니다. 그러나 야곱의 아들들이 저지른 일은 정당한 싸움과는 거리가 멉니다. 그들은 세겜의 남자들을 속여서 저항 불가 상태로 만든 다음 기습하여 학살합니다. 이것은 거룩한 전쟁이 아닙니다. 하나님의 백성이 세상과 싸워서 이겼다고 말할 수 없습니다. 야곱의 아들들, 특별히 이 살인을 이끌었던 레위와 시므온에게 하나님은 분명하게 저주를 선언하십니다. 야곱의 아들들은 비겁한 살인자들일 뿐입니다.

우리는 야곱의 아들들이 이런 거짓말과 학살을 저지르는 이유가 무엇인지 물어야 합니다. 성경은 그들의 입에서 나오는 말과 그들이 하고 있는 행동을 정확하게 대비시키고 있습니다. 31절에서 야곱이 아들들의 과도한 보복을 책망할 때 그들은 이렇게 대답합니다. "그가 우리 누이를 창녀같이 대우함이 옳으니이까." 누이의 명예회복을 위해 이 모든 일을 계획하고 시행했다는 말입니다. 그런데 그들의 행동을 보면 그 말의 진실성이 의심됩니다.

> [27] 야곱의 여러 아들이 그 시체 있는 성읍으로 가서 노략하였으니 이는 그들이 그들의 누이를 더럽힌 까닭이라 [28] 그들이 양과 소와 나귀와 그 성읍에 있는 것과 들에 있는 것과 [29] 그

들의 모든 재물을 빼앗으며 그들의 자녀와 그들의 아내들을 사로잡고 집 속의 물건을 다 노략한지라(창 34:27-29).

야곱의 아들들은 시체가 있는 세겜 성에 들어가 그곳의 모든 것을 약탈합니다. 세겜의 양과 소와 나귀와 그 성읍에 있는 것과 성읍 주변에 있는 것까지 다 챙겨 왔습니다. 세겜 남자들의 아내와 자녀들까지 포로로 끌고 왔습니다. 세겜을 통째로 약탈해 숙곳으로 가져온 것입니다. 이것이 디나를 위한 보복이라고요? 여기 어디에도 디나를 위한 배려는 없습니다. 그들은 세상인 세겜보다 더 악한 사기꾼, 살인마, 탐욕에 절어 있는 떼강도입니다.

야곱의 아들들은 '구약의 교회 공동체'입니다. 그런데 이렇게나 악했습니다. 세상의 악함을 뛰어넘는 악함으로 세상을 속이고 죽이고 약탈하고 있습니다. 그런데 이 모습이 낯설지 않습니다. 하나님에 대한 신앙을 표방하는 교회 공동체의 역사를 돌아보면 세상이 저지른 것보다 더 큰 악을 찾아볼 수 있습니다.

중세의 십자군을 생각해 보십시오. 예루살렘 성지를 탈환한다는 명분으로 이슬람을 열 번이나 침공하면서 벌인 수많은 잔혹한 일들을 말입니다. 종교재판이라는 미명하에 벌어진 마녀사냥도 그렇습니다. 수많은 이들이 마녀라는 누명을 쓰고 잔인하게 고문당하고 죽었습니다. 이후에 있었던 신교와 구교의 싸움도 그렇습니다. 두 진영 모두 하나님을 믿는다는 자들이었지만 서로를 전혀 품지 않았습니다. 상대는 그저 마귀였고 죽여야 할 대상이었습니다. 제국주의와 함께 이민족에게 복음을 전하겠다는 열정으로 움직였던 선교도 많은 경우에 힘의 논리로 타종교를 철저하게 탄압한 역사입니다.

하나님을 믿는다고 주장하는 이 땅의 교회에서 세상의 것보다 더한 악이 자행된 적이 많습니다. 교회라는 이름이 붙어 있다고 해서 다 교회가 아닙니다. 교회는 그들이 하는 말로 교회 됨을 증명하는 곳이 아닙니다. 교회는 그들이 말하는 바 '믿는 것'과 '사는 것'이 일치해야 합니다.

오늘날도 마찬가지입니다. 교회에는 분명한 진리가 있어야 합니다. 세상과 다른 모습이어야 합니다. 그런데 교회 안에 있는 진리와 다름이 세상을 공격하고 세상을 죽이며 배제하고 우리와 다른 모든 것을 말살시키는 쪽으로 흘러간다면, 교회가 마땅히 있어야 할 자리를 벗어나는 것입니다. 참된 하나님의 교회는 동성애자들을 죽이고 배제하지 않습니다. 무슬림이나 불자를 가리켜 마귀새끼, 지옥의 땔

감이라고 말하지 않습니다. 타종교를 믿는 이들이나 불신자들을 '사랑하고 섬기며 감화 감동시켜야 하는 대상'으로 보지 힘으로 굴복시킬 대상으로 보지 않습니다. 교회는 칼을 들지 않습니다. 속임수를 사용하지 않습니다. 절대 세상보다 더 악한 방법으로 세상을 무너뜨리지 않습니다. 가장 강력한 핍박자인 로마와 평생 싸워야 했던 바울은 로마 교회를 향해 이렇게 선언합니다.

악에게 지지 말고 선으로 악을 이기라(롬 12:21).

속임수, 살인, 약탈 등 모든 것이 교회 공동체 안에서 일어난 일입니다. 교회가 이렇게나 망가질 수 있습니다. 우리도 이렇게 망가질 수 있습니다. 세상보다 더 악한 자가 되어 언제든 세상을 집어삼키려 할 수 있습니다. 우리는 언제든 불신자보다 더 악한 자가 될 수 있습니다. 우리가 배운 진리가 우리를 이 세상을 사랑하는 자로, 섬기는 자로 이끌기를 축원합니다. 우리 한 사람 한 사람이 점점 더 주님을 닮은 사람으로 빚어져 가기를 간절히 축원합니다.

비참한 결과: 야곱의 책임

이 사건의 중심에 있는 두 그룹을 정리했습니다. 세겜은 야곱 집안을 흡수하려고 악을 행했고, 야곱의 아들들은 세겜의 모든 것을 약탈하기 위해 악을 행했습니다. 같은 자리에 앉아 대화를 나눴지만 그들은 전혀 다른 생각을 가지고 있었고, 더 악한 야곱의 아들들이 이긴 것 같습니다. 그러나 그들의 승리는 잠깐입니다. 세겜 사건이 주변의 다른 가나안 족속들에게 알려지면, 세겜과 친분이 있는 그들이 야곱의 집안을 내버려두지 않을 것이기 때문입니다. 그제야 아버지 야곱의 반응이 나옵니다.

> 야곱이 시므온과 레위에게 이르되 너희가 내게 화를 끼쳐 나로 하여금 이 땅의 주민 곧 가나안 족속과 브리스 족속에게 악취를 내게 하였도다 나는 수가 적은즉 그들이 모여 나를 치고 나를 죽이리니 그러면 나와 내 집이 멸망하리라(창 34:30).

야곱은 아들들을 원망하고 있습니다. "너희가 디나의 문제를 과도하게 처리해 가나안 족속들이 쳐들어 오게 생겼고, 우리는 완전히 망하게 되었다"고 말합니다. 그런데 야곱은 지금 아들들이 저지른 악을 책망하는 게 아니라 그 일이 가져올 결과를 원망하고 있습니다. 가나안 족속과 브리스 족속이 사건의 냄새를 맡았고, 이제 수가 적은 우리를 칠 테니 망하게 되었다는 것이지요. 이것이 원망의 이유입니다. 걸리지만 않으면 괜찮았다는 것입니다. 속임수와 살인과 약탈이 잘못된 게 아니라 주변 족속들에게 사건의 냄새를 풍긴 게 잘못이라는 것입니다. 참으로 끝까지 야곱스럽습니다.

다시 물어보겠습니다. 야곱의 아들들은 왜 다 하나같이 이 모양일까요? 대단히 두려운 말이지만 아버지 야곱 때문입니다. 야곱이 자식들에게 보여 준 것이 사기꾼, 살인자, 약탈자의 모습이었단 말입니다. 그들은 야곱이 라반과 에서에게 어떻게 거짓말을 하는지 보고 들었습니다. 얼마나 재물에 집착이 강한지도 보았습니다. 기회가 없었을 뿐 자기 이익을 위해서라면 살인도 마다하지 않을 사람임을 알고 있었습니다. 아버지의 뒷모습을 아들들은 보았습니다. 그리고 어느새 아버지 같은 모습이 되었습니다.

야곱이 변화된 것이 아니었냐고요? 맞습니다. 야곱은 얍복 나루에서 하나님의 얼굴을 보고 변화되었습니다. 그곳에서 야곱은 더이상 야곱이 아니라 이스라엘이었습니다. 이후로 야곱은 이전의 삶을 버리고 이스라엘로 새로 살았어야 했습니다. 그런데 그렇게 하지 않았습니다. 형 에서가 기다리는 세일로 가지 않았습니다. 아버지가 기다리고 있는 브엘세바로 가지 않았습니다. 하나님과 약속을 맺은 벧엘로도 가지 않았습니다. 야곱은 세겜의 들판에 집과 축사를 짓고 거기에 정착했습니다. 새롭게 주어진 이스라엘로 살지 않은 것입니다. 여전히 야곱으로 살았습니다. 세겜에서 또 10년의 세월을 보냅니다. 그 사이에 아들들은 아버지를 보며 자라 이제 어른이 되었습니다.

아들들이 보기에 아버지는 신앙이 없었습니다. 가끔 기도를 하고 제사 비슷한 것을 드리기는 합니다. 가끔 할아버지와 아버지, 자신이 만났다고 하는 여호와 하나님에 대해 이야기하지만 삶은 철저하게 세상의 논리대로입니다. 때론 세상보다 더 속물 같은 선택을 합니다. 아들들은 그런 아버지를 보았고 자라며 닮아 갑니다. 그리고 위기가 닥쳤을 때 그동안 보고 배운 대로 판단하고 움직입니다.

이런데도 야곱에게 책임이 없을까요? 물론 그는 앞에 나서서 속임수를 쓰지 않았습니다. 세겜 성에 들어가 남자들을 다 죽인 후 약탈하지 않았습니다. 그러나 모든 비참한 일의 중심에는 변화된 삶을 살아본 적 없는 아버지 야곱이 있습니다. 그의 잘못입니다. 누구를 원망할 수 없습니다. 여전히 야곱으로 남아 있는 야곱 자신 때문입니다.

사랑하는 성도 여러분, 자녀들이 우리를 보고 있습니다. 우리 청년들이 장년 세대를 보고 있습니다. 그들은 우리의 말을 듣는 것이 아니라 우리가 어떻게 사는지, 행동하는지를 봅니다. 그들에게 어떤 모습을 보여 줘야 할까요? 부디 우리의 모습이 야곱이 아니기를 축원합니다. 혹여 야곱이었을지라도 이제부터 보여 줄 모습이 이스라엘이기를 바랍니다. 돈이나 힘이 아니라 가장 중요한 하나님의 백성다운 모습을 물려주는 우리 성도가 되시기를 축원합니다.

그럼에도 하나님은

본문의 이야기는 이렇게 비참하게 끝나고 있습니다. 야곱이 세겜에서 살았던 10여 년의 시간은 딸의 강간과 자식들의 살인과 약탈, 그리고 주변의 모든 가나안 족속들의 보복으로 끝날 위기에 처했습니다. 야곱은 자식들을 원망하고 자식들은 야곱에게 소리를 지릅니다. 성경에서 가장 어두운 장 중 하나입니다.

그런데 이 장면 속에서 절대 어둠에 삼키우지 않고 이야기를 끌어 가시는 한 분을 찾을 수 있습니다. 바로 여호와 하나님이십니다. 하나님은 지금도 이 비참한 이야기 속에서 열심히 일하고 계십니다. 세겜이 하나님 백성의 씨가 되어야 할 야곱의 가족들을 그들 안으로 끌어들이려 했습니다. 세상은 강력하게 하나님의 백성들을 잡아 끌었고, 영적으로 잠들어 있던 야곱은 이런 제안을 받고 그 세상 속으로 들어갔을지 모릅니다. 그런데 야곱의 아들들이 더 큰 탐욕을 품었고, 그로 인해 대학살이 일어났습니다. 야곱 집안과 가나안 족속들 사이에 절대 넘어갈 수 없는 강이 생긴 것입니다. 야곱의 아들들은 분명 악을 행했지만, 하나님께서 그 악마저 당신의 선한 계획을 위해 사용하십니다. 나중에 야곱의 아들들이 행한 또 다른 범죄의 피해자인 요셉이 지나온 날들을 돌아보며 이렇게 신앙고백을 합니다.

> 당신들은 나를 해하려 하였으나 하나님은 그것을 선으로 바꾸사 오늘과 같이 많은 백성의 생명을 구원하게 하시려 하셨나니(창 50:20).

"형들은 악을 행했지만 하나님께서 그 악을 선으로 바

꾸셨습니다. 결과적으로 모든 일이 선이 되도록 섭리하셨습니다"라는 말입니다. 하나님께서 야곱의 아들들이 저지른 악, 세겜이 품고 있던 악, 야곱이 가지고 있던 악까지 다 사용하셨습니다.

우리 하나님은 능력이 무한하여 악으로도 선을 창조하실 수 있는 분입니다. 하나님은 그분의 백성을 만들겠다고 약속하셨지만, 야곱이 이 위대한 사명을 도무지 이행하려 하지 않자 이렇게 일하신 것입니다. 야곱 집안과 가나안 족속 사이에 거대한 골짜기가 생겨 이제 넘어갈래야 갈 수 없게 되었습니다. 하나님의 백성들을 유혹해 이 땅에서 지워 버리려 했던 사탄의 계획이 좌절된 것입니다.

누구도 믿을 수 없는 세상에서, 나조차 믿을 수 없음을 경험하면서 우리는 점점 더 믿을 수 있는 분은 오직 주님 뿐임을 알게 됩니다. 우리 주님은 선하시며 능력이 많습니다. 계획한 것을 반드시 이루시는 분입니다. 우리가 할 일은 한 가지, 너무 오래 반항하지 않는 것입니다.

10년 전 이 본문 말씀을 연구하고 묵상한 노트에 적어 놓은 글귀로 이 장을 마무리하겠습니다. "하나님께서 나를 구조조정하시기 전에 나 스스로를 바꿔야 한다. 그분의 구조조정은 언뜻 보기엔 느리지만 시작되면 누구도 멈출 수 없을 만큼 엄중하다." 우리 성도의 삶이 주님에게 맞서지 않고 주님을 따르는 삶이기를 축원합니다.

나눔과 적용

1. 디나가 강간당하는 충격적인 사건이 일어나고 세겜의 아버지 하몰은 어떤 해결책을 내놓습니까?(8-13절) 여동생 디나의 후견인 역할을 하는 야곱의 아들들은 무엇을 요구합니까?(14절) 이후에 일은 어떻게 전개됩니까?

   - 세겜 사람들의 계획(참고 민 13:32):
   - 야곱 아들들의 계획(27-29절):

2. 야곱의 아들들이 내세우고 있는 명분(말)과 행동은 전혀 다릅니다. 그들이 이 사건에서 내세운 명분은 무엇입니까?(31절) 그들의 행동은 명분에 합당한 것이었습니까?

3. 우리가 누구인지를 증명하는 것은 말이 아니라 행함입니다. 우리의 행함은 하나님의 통제를 받고 있습니까?

4. 악한 생각으로 가득한 자들이 서로를 속이려고 분투하는 상황 속에서도 그들의 악한 계획을 뒤집어엎으시는 신실한 하나님을 만나 볼 수 있습니다. 신실하지 않은 우리 삶에서 신실하신 하나님을 경험한 일이 있다면 나눠 보십시오.

3부

일어나 참된 예배 속으로

11
벧엘로 올라가라

(창 35:1-8)

부흥이 필요한 하나님 나라 공동체

창세기 족장 시대의 한 인물인 야곱에 대해 계속 살펴보고 있습니다. 하나님의 약속을 받은 아브라함, 그 약속을 이어받은 이삭, 그리고 그 이삭의 아들이 야곱입니다. 야곱은 날 때부터 하나님의 특별한 약속을 지녔습니다. 형 에서가 아니라 동생 야곱이 하나님의 사랑을 받고 하나님 나라를 계승하게 될 것이라는 약속입니다. 쌍둥이인 그들이 태어나기도 전에 하나님께서 그렇게 정하셨습니다.

그 후 우리는 야곱의 인생에 일어나는 일들도 하나하나 살펴보았습니다. 그는 형 에서의 장자 명분을 팥죽을 주고 삽니다. 아버지 이삭을 속여 장자의 축복을 받아 냅니다. 에서의 보복을 피해 하란으로 가다가 벧엘에서 하나님을 체험합니다. 하란에서는 라헬을 만나 사랑하고 결혼까지 합니다. 결혼식에서 삼촌 라반에게 속아 레아와도 결혼하고 20년이 넘는 시간을 하란에서 허비합니다. 그러다 정신을 차리고 라반의 집에서 도망쳐 나와 다시 가나안으로 돌아오고, 얍복 나루에서 '하나님과 씨름하여 이긴 자'라는 '이스라엘'로 개명한 다음, 자신을 해치려고 오던 형 에서와 감동적인 화해를 합니다. 그러나 벧엘로 돌아가지 않고 세겜 성 밖에 정착하여 살다가 세겜 성 남자들을 다 죽이고 모든 것을 약탈하기에 이릅니다.

야곱의 집안은 위기에 빠졌습니다. 이 사건의 전말을 알게 된 가나안 족속들이 곧 힘을 합하여 이방 출신의 야곱과 그의 집안을 멸망시킬 것입니다. 두려움에 떨며 탄식하고 서로를 원망하는 야곱과 그의 집안에 하나님께서 찾아와 말씀하십니다. 그 말씀과 결과가 본문의 내용입니다.

창세기에서 아브라함, 이삭, 야곱의 집안은 하나님 나라의 씨앗으로 신약교회 공동체의 모형이라고 할 수 있습니다. 야곱의 열두 아들이 이스라엘의 열두 지파를 형성하며 구약 하나님 나라의 주축을 이룹니다. 다시 말해 야곱의 집안은 구약에서 유일한 교회입니다. 우리는 이 교회의 비참함을 보고 있습니다. 이 교회는 긍휼함이 전혀 없고 탐욕으로 가득합니다. 이들은 하나님의 이름으로 사기를 치며, 살인을 하기 위해 하나님 약속의 징표인 거룩한 할례를 도구로 사용합니다. 이들에게는 정당한 권위가 없습니다. 영적 지도자인 아버지가 책망하자 대듭니다. 망가질 대로 망가진 교회의 모습입니다. 게다가 이 공동체는 이제 곧 세상의 거대한 공격을 받아 무너질 위기에 처했습니다. 이런 위기 속에서 성도는 무엇을 해야 할까요? 하나님은 어떤 일을 행하실까요?

부흥을 위해 주신 명령 : 하나님의 명령

교회나 성도가 하나님의 뜻을 회복하는 모습을 표현하는 중요한 단어 중 하나가 '부흥'입니다. 부흥 하면 우리는 주로 수많은 사람들, 떠들썩한 이벤트, 언론의 관심, 크고 화려한 교회 건물을 떠올립니다. 그러나 본문에는 그런 화려함은 없습니다. 위대한 하나님의 회복 역사를 다루는 본문은 그분의 말씀으로 시작됩니다.

하나님이 야곱에게 이르시되(1절a).

부흥은 인간이 만드는 게 아닙니다. 부흥은 하나님 편에서 시작하시는 일입니다. 아무것도 할 수 없는 상황에 놓인 야곱, 절체절명의 위기를 자기 힘으로 해결할 수 없음을 절감하는 야곱, 하나님께 기도조차 하지 못하는 야곱에게 하나님께서 '먼저' 찾아오십니다. 부흥은 하나님의 주권적인 역사입니다. 하나님께서 주도적으로 부흥을 계획하고 시작하십니다. 분명 인간의 역할이 있기는 하지만 부흥 자체는 늘 하나님의 손에 있습니다. 하나님은 야곱의 집안을 더이상 지켜보실 수만은 없었습니다. 아브라함과 이삭과 야곱에게 하셨던 '약속' 때문입니다.

위기에 처한 교회가 회복되고, 신앙을 잃다시피한 사람이 다시 견고한 하나님의 백성으로 서는 것, 하나님을 믿지 않던 영혼이 돌아와 그분의 은혜의 백성이 되는 것과 같은 일은 인간이 어떤 수단을 사용해서 만들 수 없습니다. 교회와 성도가 회복과 부흥을 경험하는 유일한 근거는 그 교회와 성도를 위해 예수 그리스도께서 죽으심으로 죄의 삯을 다 지불하신 데 있습니다. 교회는 그리스도의 신부이고 충만함이기 때문입니다. 아버지가 아들을 버릴 수 없는 것처럼 교회가 어떠하든 아버지 하나님은 교회를 살리기 위해 일하십니다. 그것이 부흥의 시작입니다.

이제 하나님께서 야곱의 집안에 부흥을 주시기 위해 어떤 명령을 내리십니까?

> 일어나 벧엘로 올라가서 거기 거주하며 네가 네 형 에서의 낯을 피하여 도망하던 때에 네게 나타났던 하나님께 거기서 제단을 쌓으라 하신지라(1절b).

하나님에 대한 긴 수식어를 제외하면 이 구절에는 세 가지 명령이 나옵니다. 첫째, 일어나라. 둘째, 벧엘로 올라가라. 셋째, 거기서 단을 쌓으라. 부흥을 연구하는 신학자들은 이 각각의 명령이 부흥 때마다 교회와 성도에게 주어졌던 말씀이라고 말합니다.

일어나라

원어로는 '쿰'입니다. 어디서 들어본 적 있는 표현이 아닙니까? "탈리다 쿰"(소녀야, 일어나라). 예수님께서 회당장 야이로의 열두 살 난 죽은 딸을 사망에서 일으킬 때 하신 명령입니다(막 5:21-43). 아람어와 히브리어는 동일 어족인 셈어

에서 나왔기에 일상의 단어들이 비슷합니다. 여기서 하나님께서 야곱에게 하신 "쿰", 즉 "일어나라"는 잠에서 깨어나라는 의미입니다.

야곱은 세겜에서 10년을 살았습니다. 평소처럼 나름대로 열심히 살았을 테지요. 그러나 그 세월에 대한 하나님의 평가는 "너는 잤다!"입니다. 지난 10년은 사망의 깊은 잠에 빠져 정신을 차리지 못한 시간이었다고 평가하시는 것입니다. 그러니 이제는 일어나라는 것이지요.

성도 여러분, 지난 1년을 돌아보십시오. 우리는 살아 있는 성도였습니까? 하나님께서 계산하시는 '깨어 있는 시간'은 달력과 시계로 계산할 수 있는 시간과 다릅니다. 우리가 깨어 있던 시간은 하나님의 백성으로서 그분을 의식하며 산 시간뿐입니다. '예수님 믿은 지 몇 년째인데 왜 저럴까?'라는 생각이 들게 하는 사람이 가끔 있습니다. 당연합니다. 그가 하나님 앞에서 살았던 시간이 적었기 때문입니다. 앞으로도 계속 그렇게 산다면 그는 육체의 나이와 무관하게 '영적 유아'로 살다가 죽을 것입니다.

하나님 앞에서 여러분은 몇 살입니까? 혹시 자고 있는 분이 있습니까? 살아 있는 것 같고, 산 자의 무리 가운데서 숨쉬고 있는 것 같지만 실은 사망의 깊은 잠을 자고 있는 분이 있다면, 오늘 하나님께서 하시는 말씀을 들으십시오.

"쿰!"

사망의 잠에서 깨어나 눈을 크게 뜨고, 한 번밖에 없는 인생의 시간을 잠으로 채우지 않기를 축원합니다.

벧엘로 올라가라

벧엘은 이전에 야곱이 형에게 생명의 위협을 느껴서 도주하던 날 밤에 지쳐서 잠든 곳입니다. 그곳에 하나님께서 찾아오셨고, 야곱은 처음으로 조상들이 만난 하나님을 만났습니다. 쉽게 말해 벧엘은 '하나님을 만난 자리'입니다.

성도 여러분의 벧엘은 어디입니까? 하나님께서 나를 찾아오셨던 자리, 그분과 깊은 교제를 나눴던 자리 말입니다. 기도드린 시간이나 자리가 있습니까? 말씀이 가슴에 새겨진 특별한 시간이나 자리가 있습니까? 죄를 회개한 시간이나 자리가 있습니까? 지금 침체에 빠져 있다면 바로 그 시간 그 자리로 나아가십시오.

어떤 이는 "하나님은 어디에나 계시지 않나요?"라고 물을지 모르겠습니다. 그렇습니다. 하나님은 어디에나 계십니다. 하지만 저는 다음과 같은 태도는 반대입니다. "나는 특별히 시간을 내거나 특정한 장소에 가지 않아도 됩니다. 지하철에서도 큐티할 수 있고, 걸어 다니면서도 기도할 수 있고, 인터넷으로 설교 말씀을 들어도 은혜 받으니까요." 하나님은 무소부재하시지만 확연하게 일하시는 자리가 있었습니다. 시내 산 같은 곳입니다. 법궤가 있던 회막, 성막, 성전 등입니다. 이곳의 특징이 무엇입니까? 사람들이 직접 하나님의 임재를 본 곳입니다. 빽빽한 구름 속에 감춰진 하나님의 영광을 목도한 곳입니다. 그곳에서 경험한 하나님과 다른 곳에서 경험한 하나님에는 차이가 있습니다.

성도 여러분, 하나님께서 그분의 백성인 우리를 향해 "벧엘로 모이라"고 말씀하십니다. 어찌하든 우리는 교회 공동체로 모여야 합니다. 잠들어 있던 자리를 박차고 일어나 우리의 정신이 가장 맑았던 그곳으로 가야 합니다. 일상에 함몰되어 영적으로 잠들어 있었다면 이제라도 일어나 빨리 벧엘로 달려가야 합니다. 하나님은 형식을 따지셨습니다. 세겜에서도 단을 쌓을 수 있지만 굳이 벧엘로 가라고 하셨습니다. 왜 그러셨을까요? 형식 없이 내용의 생명을 유지하기엔 인간이 연약하다는 것을 아셨기 때문입니다. 여러분이 달려가야 할 벧엘은 어디입니까? 잠에서 깨어 그 자리로 달려가십시오.

단을 쌓으라

하나님의 세 번째 명령은 "단을 쌓으라"입니다. 문법적으로 "쌓으라"가 이 모든 문장의 주동사입니다. 일어나야 하는 이유도, 벧엘로 가야 하는 이유도 단을 쌓기 위해서입니다. 구약에서 단을 쌓는다는 것은 제사를 드린다는 뜻입니다. 제사를 위한 단이란 희생의 피를 뿌림으로써 죄악 된 인간이 거룩한 하나님과 교제를 나눌 수 있게 되는 자리입니다. 다시 말해 하나님의 백성들이 그리스도의 피를 지나 하나님 앞으로 나아가는 것입니다.

예배는 희생의 단 없이는 존재할 수 없습니다. 그리스도의 피가 없으면 우리는 예배할 수 없습니다. 누구도 거룩하신 하나님 앞에 '피 없이' 나아갈 수 없기 때문입니다. 제가 꿈꾸는 예배는 단이 있는 예배, 즉 '피가 있는' 예배입니다. 단이 있는 곳에선 항상 피 냄새가 납니다. 성전 안에선 유대인 제사장이 하루에 몇 번씩 정결하게 하는 향을 흔들며 공기를 정화하는 의식을 행했습니다. 성전에서 드리는 피 제사로 피비린내가 진동했기 때문입니다. 이것은 무얼 의미할까요?

하나님은 예배 가운데 피가 흘러야 하는 '단' 외의 어떤 것도 요구하지 않으셨습니다. 오늘날 우리의 예배도 그러해야 합니다. 주님의 보혈이 교회 공동체에 흘러야 합니다. 주님을 예배하는 곳에 늘 그분의 피가 있어야 합니다. 설교자, 찬양단, 찬양팀, 악기, 멋진 공간, 냉난방기, 안내, 편안한 좌석, 이런저런 프로그램 등은 다 부수적입니다. 주님의 피로 드리는 예배에 비하면 부스러기에 지나지 않습니다. 우리의 공적 예배와 부서 모임, 그리고 작은 교회들의 모임이 그리스도의 보배로운 피를 통과하여 하나님을 만나는 단이 되기를 축원합니다.

부흥을 준비하며 행하는 순종: 야곱의 명령

야곱은 하나님의 음성을 들었습니다. "쿰!" 아주 짧은 문장이지만 그 말씀으로 충분했습니다. 야곱은 깊은 잠에서 깨어납니다. 곧바로 하나님의 명령에 순종하여 자신에게 속한 모든 이들에게 하나님의 명령을 대언합니다. 그는 "우리가 일어나 벧엘로 올라가자"(3절)라고 분명하게 말합니다. 그런데 야곱은 하나님의 명령을 전하기 전에 그분이 이르지 않은 세 가지 명령을 추가합니다. 2절 말씀입니다.

야곱이 이에 자기 집안 사람과 자기와 함께한 모든 자에게 이르되 너희 중에 있는 이방 신상들을 버리고 자신을 정결하게 하고 너희들의 의복을 바꾸어 입으라.

야곱은 왜 하나님의 명령에 추가해서 명령하고 있는 걸까요? 잠에서 깨어났기 때문입니다. "쿵!"이라는 말씀에 정신을 차리고 보니 어언 10년이 지났습니다. 자신이 어디에 누워 있는지 보니 돼지우리입니다. 눈앞엔 아버지의 책망에 핏대를 세우고 달려드는 아들들이 있습니다. 주위를 둘러보니 자식과 종들이 귀에 우상 형상의 귀고리를 달고 있습니다. 지난 10년간 이방인들과 교역하는 동안 야금야금 들어온 이방 신상들이 집안 구석구석에 있습니다. 아들들의 옷이 가나안 사람들의 것과 다를 바가 없습니다. 모든 게 엉망진창입니다.

이에 야곱은 세 가지 명령을 더합니다. 이것이 잠에서 깬 야곱의 첫 반응입니다. 이는 잠에서 깬 모든 성도의 반응이기도 하므로 하나하나 살펴보겠습니다.

너희 중에 있는 이방 신상을 버리라
첫 번째 명령은 "너희 중에 있는 이방 신상을 버리라"입니다. 야곱의 집안에는 수많은 우상 신상이 있었습니다. 야곱의 아내 라헬은 하란에서 도망나올 때 그 집안의 수호신인 드라빔을 가지고 나왔습니다. 야곱의 종들도 메소포타미아 지역에서 온 이들이기에 우상 신상을 가지고 있었을 것입니다. 게다가 세겜 성을 약탈할 때 그들은 금과 은으로 만든 이방 신상들도 가져왔습니다. 이래저래 하나님 나라, 구약시대의 교회 안에 당시 사회의 우상과 거짓 신들이 가득 들어차고 말았습니다.

성도 여러분, 우리 안에 들여놓은 우상은 없습니까? 우리의 영혼을 사로잡고 있는 것은 없냐는 말입니다. 이 명령은 보편성을 띠기에 드리는 질문입니다. 야곱이 "이방 신상을 버리라"고 명령한 것은, 그 집안이 여태까지 하나님을 섬기지 않았다는 게 아니라 하나님 말고도 다른 신도 섬겼다는 뜻입니다.

여러분은 누구를 사랑하십니까? 하나님만 사랑하십니까, 아니면 하나님과 더불어 다른 것들도 사랑하십니까? 예수님은 하나님께 대적하는 신으로 재물, 즉 맘몬을 드셨습니다. 사람이 두 주인을 섬길 수 없으며 하나님과 재물을 겸하여 섬길 수 없다고 말씀하셨습니다. 우리는 맘몬으로부터 자유롭습니까? 혹시 우리도 두 주인을 섬기고 있는 건 아닐까요?

하나님을 섬긴다는 것은 결혼 언약 아래 부부가 서로를 배타적으로 사랑하는 것과 같습니다. 남편을 90퍼센트만 사랑하고 나머지 10퍼센트로 이웃집 남자를 사랑한다는 건 말이 되지 않습니다. 하나님의 음성을 듣고 사망의 잠에서 깨어난 야곱이 처음으로 한 말을 기억하십시오. "이방 신상을 버리라!" 우리 삶의 참 주인이신 여호와 하나님만 바르게 섬기기 위해 우리 삶에 어느새 들어와 있는 수많은 우상을 버리는 성도가 되시기를 축원합니다.

자신을 정결하게 하라

야곱의 두 번째 명령은 "자신을 정결하게 하라"입니다. 여기에 나온 '정결'이라는 용어는 몸뿐 아니라 주로 마음, 즉 도덕적 영역에서의 깨끗함입니다. 잠에서 깨어난 야곱의 눈에 가족들의 더러움이 들어옵니다. 그래서 몸도 마음도 씻으라고 명합니다. 더러운 채 위대한 왕을 만나러 갈 순 없기 때문입니다.

매주 공적 예배를 통해 하나님 앞에 나오는 우리 성도들에게 묻습니다. 여러분은 정말 예배 가운데 영광의 주님을 만나실 것이라고 믿습니까? 정말 그렇게 하나님을 바라보신다면 예배와 관련해 여러분의 모든 것이 완전히 달라질 것입니다.

정결은 '도덕적 깨끗함'에 대한 것이라고 앞서 말했습니다. 하나님은 거룩하십니다. 거룩하신 하나님 앞에 선 사람들 대부분이 그 거룩하심 앞에서 거꾸러졌습니다. 성경에 나온 선지자들의 공통된 반응은 거룩한 두려움이었습니다. 야곱이 가족들에게 "자기를 정결하게 하라"고 명한 것은 영적 후손인 우리 모두, 이 땅의 교회를 향한 명령입니다. 하나님께서 우리 가운데 서시기를 진정으로 원한다면, 우리 자신을 씻어야 합니다. 우리 공동체에 하나님의 부흥이 임하기를 원한다면, 도덕적으로 깨끗해지는 데 헌신해야 합니다. 삶으로 우리의 깨끗함을 드러낼 수 있을 때, 우리는 담대하게 하나님의 구원을 간구할 수 있습니다.

의복을 바꾸어 입으라

야곱의 마지막 명령은 "의복을 바꾸어 입으라"입니다. 고대 사회에서 의복은 신분을 나타냅니다. 사회적 계급이나 가정에서의 지위를 나타내기도 합니다. 지금 야곱은 사람들에게 단순히 옷을 갈아입으라고 명령하는 게 아니라, 하나님을 만나러 가기 전에 갖춰야 할 삶의 변화를 요구하고 있습니다. 앞서 영적 죄와 도덕적 죄를 끊으라고 명령한 야곱이 이제 새로운 신분에 맞는 "새로운 삶의 태도로 하나님 앞에 나아가야 한다"고 말합니다.

여기서 '새로운 신분에 맞는 새로운 옷을 입는다'는 것을 신약에 나오는 '그리스도로 옷 입는다'는 표현과 연결하는 해석이 있습니다. 이렇게 해석하면 '그리스도의 의에 의지해 예배하는 성도'가 부각됩니다. 저는 이 해석보단 창세기 문맥 안에서 '옷을 바꾸어 입는다'는 의미를 좀 더 실제적으로 이해하는 편이 좋다고 생각합니다. 옷을 바꾸어 입는다는 것은 눈에 가장 드러나는 모습이 바뀌는 것을 의미합니다. 다시 말해 영적으로나 도덕적으로 변화된 것을 삶의 현장에서 다른 사람들이 볼 수 있는 방식으로 드러내라는 것이지요. 다르게 살아가는 모습으로 확연하게 구별되어야 한다는 말입니다. 그것은 말을 멋지게 한다고 되는 일이 아닙니다. 우리가 그리스도인이라는 사실은 확연히 드러나는 우리의 삶과 행위로만 증명됩니다. 야곱은 지금 변화된 의의 열매인 행위를 가지고 하나님 앞에 나가야 한다고 명령하고 있습니다.

2절에 나오는 야곱의 세 가지 명령, 즉 이방 신상을 버리고 자신을 정결하게 하고 의복을 바꾸어 입으라는 말은 요약하면 "적극적으로 회개하라"입니다. 하나님 외에 사랑하는 어떤 것이 있다면 버려야 합니다. 그것이 절대적으로 악해서가 아니라 하나님이 있어야 할 자리에 놓인 우상이기 때문입니다.

우리는 도덕적으로 깨끗해야 합니다. 윤리적으로 마음을 지켜야 합니다. 우리의 마음과 생각을 허탄하게 만드는 것들을 끊고 거기서 도망쳐 나와야 합니다. 그리고 회개한 결과를 살아가면서 보여 줘야 합니다. 그런 의미에서 세상 속의 그리스도인은 멀리서도 눈에 띌 만큼 세상과 달라야 합니다. 모든 삶의 영역에서 성도의 아름다움이 넘쳐나야 합니다.

나, 가정, 교회의 거룩한 부흥을 소원하며

지금까지 위기에 처한 주님의 백성들, 망가질 대로 망가진 주님의 교회를 우리 주님이 어떻게 살리시는지 보았습니다. 그리고 살리시는 주님의 목소리에 우리가 어떻게 반응해야 하는지 여섯 가지 명령을 통해 살펴보았습니다. 오늘날 우리 역시 우리 안에 무너진 것을 회복하려면 그 명령들을 반드시 따라야 합니다.

하나님은 우리에게 그리스도의 피에 의지해 온전한 예

배의 자리로 나올 것을 요구하셨습니다. 왜일까요? 온전한 예배의 자리로 가면, 즉 그리스도의 피 제사가 드려지는 그곳에 가면, 그리스도로 말미암는 성령이 부어질 것이기 때문입니다. 회복과 부흥을 사모하는 우리는 그 무엇도 아닌 그리스도의 피로 말미암은 온전한 예배를 통과하여 하나님을 만나야 합니다. 유일한 길인 '예수 그리스도께서 열어 놓으신 찢겨진 휘장 사이로 들어가야 합니다. 그것이 유일한 회복과 부흥의 통로입니다.

이전에 내적 부흥을 경험해 본 적 있는 믿음의 선배 야곱은, 아직 한 번도 하나님의 찾아오심을 경험하지 못한 다음세대에게 하나님을 만날 준비를 하라고 명령합니다. 그들 안에 있는 우상들을 내버리라고 합니다. 마음에 있는 혼탁함을 씻어 내라고 합니다. 영과 마음이 깨끗해졌음을 삶으로 증명하라고 합니다. 다시 말해 회개하라고 합니다.

사랑하는 성도 여러분, 혹 잠들어 있었더라도 "쿰"이라고 말씀하시는 하나님의 목소리가 들리면 이제 일어나십시오. 벧엘에서 너무 멀리 떠나왔다면 돌이켜 벧엘로 달려가십시오. 그리스도의 피가 있는 예배로 나아가십시오. 자신의 모든 것을 다 쏟으신 그분의 발앞에 엎드리시기 바랍니다. 하나님께서 그곳으로 오라고 하셨으니 우리는 가야 합니다. 영적 우상을 없애고 마음을 새롭게 하고 하나님께서 기뻐하시는 삶의 변화를 소원합시다. 주님이 우리 가정과 교회에 회개의 영을 부어 주시어 우리가 주님 앞에 나아갈 수 있기를, 주님으로 인해 모든 것이 새롭게 되는 은혜를 누리는 성도가 되시기를 축원합니다.

나눔과 적용

1. 세겜 사건으로 위기에 빠진 야곱에게 하나님께서 주신 세 가지 명령과 그 의미는 무엇입니까?(1절)

   - 일어나라:
   - _____로 올라가라:
   - _____을 쌓으라:

2. 야곱은 하나님의 명령을 듣고 집안 모든 사람들에게 세 가지 명령을 내립니다. 그 내용과 의미는 무엇입니까?(2절)

   - 너희 중에 있는 _____을 버리라:
   - 자신을 _____하게 하라:
   - _____을 바꾸어 입으라:

3. 부흥을 구하는 우리에게 하나님께서 가장 원하시는 것은 _____입니다. 나와 가정 그리고 교회가 철저하게 끊어야 할 것과 붙들어야 할 것이 무엇인지 나눠 보십시오.

12
벧엘로 올라가면

(창 35:1-7)

참된 변화에 필요한 것

앞서 큰 위기에 처한 야곱에게 하나님께서 명령하시고 야곱이 이에 순종하는 모습을 살펴보았습니다. 그것은 스스로 일어나는 법을 알지 못했던 야곱을 향한 하나님의 사랑이 있었기에 가능한 일이었습니다. 야곱이 망하는 것을 그냥 둘 수 없어 하나님께서 달려오셨습니다. 영적 잠에 깊이 빠져 있는 야곱을 큰소리로 깨우셨습니다.

다행히 사랑에서 비롯된 하나님의 다급한 명령을 야곱이 알아듣습니다. 그리고 변화가 일어납니다. 사망의 잠에서 깨어난 야곱은 도무지 하나님을 예배할 수 없는 상태에 있는 가족들에게 세 가지 명령을 합니다. "이방 신상을 버리라." "자신을 정결하게 하라." "의복을 바꾸어 입으라." 이 세 가지 명령은 한마디로 "회개하라"는 것입니다. 영성, 도덕성, 행함에서 이방인만도 못한 수준으로 전락해 버린 하나님의 백성들을 향한 명령입니다. 앞장의 메시지를 한 문장으로 정리하면 이렇습니다. "회복을 원하느냐? 그렇다면 회개하고 참된 예배로 나아가라!"

무너져 있던 야곱의 권위

이제 야곱 집안이 야곱의 명령에 어떻게 반응하는지 살펴보겠습니다. 오늘날 이 세대를 가리키는 말 중에 '탈(脫) 권위'라는 표현이 있습니다. 권위적이라고 느껴지는 모든 것에 반감을 가지는 것입니다.

얼마 전 한 신문에서 "집에 있는 아빠가 싫다"는 연재 기사를 읽은 적이 있습니다. 요즘 청소년과 청년들은 아버지가 집에 들어오면 자기 방에서 나오지 않는다고 합니다. 아버지와 함께 있는 게 불편하기 때문이랍니다. 가장은 거실 소파에 앉아 TV 리모컨을 들고 채널을 돌리고 있습니다. 그 거실에는 아무도 없습니다. 아이들은 각각 자기 방에 들어가 스마트폰을 하고 있습니다. 그 집에서 가장이 움직일 수 있는 것은 TV 채널뿐입니다. 이 시대 가장들의 슬픈 현실입니다.

전문가들은 가장이 이렇게 소외된 원인을 그가 사용하는 언어에서 찾았습니다. 아버지들이 직장에서 사용하는 언어로 자녀들에게 명령하듯 말하기 때문이라는 것이지요. 수년간 직장에서 일하면서 권위적인 문화에 익숙한 아버지의 말투에 자녀들이 귀와 마음을 닫는다는 것입니다. 그런 의미에서 이 시대에 가장 사랑받지 못하는 용어 중 하나가 '권위'입니다.

사실 야곱 집안에서 아버지 야곱의 권위는 떨어질 대로 떨어져 있습니다. 두 아들 시므온과 레위가 세겜 성에 들어가 세겜의 남자들을 학살했습니다. 다른 자식들은 그 성에 들어가 모든 것을 약탈했습니다. 오랜만에 야곱이 아들들을 책망합니다. 그러나 자식들은 아버지의 말에 "그가 우리 누이를 창녀같이 대우함이 옳으니이까"(창 34:31)라고 되받아칩니다. 아버지의 말에 아무 권위가 없습니다. 뼈대 있는 아브라함 집안의 자손들이 이렇게나 완전히 망가져 있다니요.

사실 이것은 전혀 이상한 일이 아닙니다. 야곱은 지금

심은 대로 거두고 있습니다. 야곱은 형 에서와 아버지 이삭을 우습게 여겼습니다. 형을 속여서 장자의 명분을 샀고, 어머니와 함께 아버지를 속여 장자의 축복을 빼앗았습니다. 삼촌이자 장인인 라반도 속여 그 집을 탈출했고, 형 에서에게도 곧 세일로 가겠다고 약속해 놓고 가지 않았습니다. 야곱은 하나님과 한 약속도 우습게 여겼습니다. 분명 나를 지켜 주시고 가나안 땅으로 안전하게 돌아오게 해주시면 벧엘로 돌아가 하나님께 제단을 쌓겠다고 약속했습니다. 그러나 막상 가나안 땅으로 돌아온 야곱은 벧엘로 올라가지 않습니다. 성경 인물 중에 누가 가장 권위와 질서에 반감을 가지고 있는지 묻는다면, 저는 대번에 야곱이라고 대답할 것입니다. 그는 주변의 어떤 권위도 인정한 적이 없습니다. 그는 늘 '내 인생의 운전대는 내가 잡고 있어야 한다'고 생각한 인물입니다. 하나님께서 주신 여러 과정을 통해 무수한 일들을 경험했지만 그런 야곱의 모습은 쉽게 바뀌지 않습니다.

세겜에 머문 지난 10년 동안에도 야곱은 '이스라엘'로 살지 않았습니다. 이전에 살던 방식 그대로 또 10년을 살았습니다. 야곱의 자식들은 어린 시절과 청소년기 그리고 청년기에 이르기까지 그런 아버지를 보고 자랐습니다. 야곱의 아들들이 왜 그렇게 망나니짓을 했느냐고요? 다 그 아비를 닮아서 그렇습니다. 이제 아버지는 늙어서 판단할 힘이 없으니 우리끼리 알아서 하겠다는 심산입니다.

회복된 야곱의 영적 권위

권위가 땅에 떨어져 있던 상태에서 야곱은 하나님의 명령을 들었습니다. 그리고 그 명령을 가족들에게 전해야 합니다. 자식들이 과연 늙은 아버지의 말을 들을까요? 방금 전 아버지가 책망할 때 목소리 높여 대들던 자식들이 과연 아버지 말에 순종할까요?

> 우리가 일어나 벧엘로 올라가자 내 환난 날에 내게 응답하시며 내가 가는 길에서 나와 함께하신 하나님께 내가 거기서 제단을 쌓으려 하노라 하매(창 35:3).

야곱이 "벧엘로 올라가서 하나님께 예배를 드리자"고 말했을 때, 자식들이 보인 반응입니다.

> 그들이 자기 손에 있는 모든 이방 신상들과 자기 귀에 있는

> 귀고리들을 야곱에게 주는지라(창 35:4a).

놀라운 일이 일어났습니다. 방금 전까지 아버지에게 대들던 아들들입니다. 그런데 지금 아버지 야곱에게 도무지 이해하기 어려운 말을 들었습니다. "삶의 거처를 떠나 한 번도 가 본 적 없는 곳으로 예배를 드리러 가야 한다." 그런데 아들들은 그 말에 순종합니다. 심지어 그들이 지니고 있었던 우상 신상과 개인 부적으로 사용하던 귀고리까지 내놓으며 아버지의 말에 순종합니다. 태도가 완전히 달라졌습니다. 갑자기 그들이 변화된 이유는 무엇일까요? 야곱이 하나님을 만났기 때문입니다.

아들들의 반항과 순종 사이에는 한 가지 사건밖에 없습니다. 하나님께서 야곱에게 찾아와 말씀하신 것이지요. 하나님을 만난 후 야곱이 아들들을 불러 모읍니다. 아들들은 평소처럼 별 기대 없이 아버지 앞에 섰습니다. 그런데 이번엔 아버지가 다르게 느껴집니다. 아버지가 깊은 영적 잠에서 깨어났기 때문입니다. 아버지가 자신이 들은 바와 이제 그들이 행할 바를 말하는데, 그 말이 아주 묵직하고 힘이 있습니다. 더이상 힘없는 늙은이의 말이 아닙니다. 어제까지 함께했던 힘없는 남편이 아닙니다. 무기력한 아버지가 아닙니다. 야곱은 하나님과 겨루어 이긴 '이스라엘'의 모습을 하고 있습니다. 그의 말에는 순종할 수밖에 없는 영적 권위가 있습니다.

성도 여러분, 하나님의 백성들에게 이러한 영적 권위의 회복이 시급합니다. 하나님의 교회는 영적 권위로 움직이기 때문입니다. 이 시대는, 특히 젊은 세대는 권위 자체를 싫어합니다. 모두가 원탁에 둘러앉아 대화를 나누고 싶어합니다. 누군가가 일방적으로 말하는 것을 싫어합니다. 아마도 잘못된 권위를 너무 많이 경험해서 그럴 것입니다. 교회 안에서 목사가 자기 신분을 앞세워 근거 없는 견해를 강압적인 태도로 가르치는 것은 저도 반대입니다. 그러나 바른 영적 권위는 반드시 필요합니다. 그런 권위에 순종하는 가운데 하나님께 순종하는 법을 배우기 때문입니다.

사랑하는 성도 여러분, 특별히 영적 가장 여러분, 여기서 영적 가장이란 한 가정에서 영적으로 하나님과 가장 깊은 관계를 맺고 있는 사람을 가리킵니다. 혹시 가장인 우리가 무슨 말을 하든 다 '씹힌' 경험이 있습니까? 가족들이 듣고도 짐짓 무시한 적이 있습니까? 어쩌면 그 이유가 우리가 영적으로 잠들어 있었기 때문인지 모릅니다. 가장인 우리가 하나님을 만나지 못했기 때문입니다. 과거에 하나님을 만난 특별한 체험을 사골 우리듯 재탕 삼탕 우려먹으며 너무 오랫동안 하나님을 대면하지 않은 채 살아왔기 때문일 수 있습니다. 영적으로 잠든 사람의 말은 무게가 없습니다. 뭐라 말한들 아무도 듣지 않습니다.

그러니 영적 잠에서 깨어나야 합니다. 우리 주님을 만나야 합니다. 주님 앞에 서야 합니다. 그 영광의 얼굴을 뵈어야 합니다. 그분의 빛에 거함으로써 그 빛을 다른 사람들에게 비춰야 합니다. 성도 여러분 모두가 영광스러운 하나님을 만나고 누림으로써 사망의 잠에서 깨어나 영적 권위를 가지고 세상을 향해 진리를 말할 수 있기를 축원합니다.

철저한 회개 1: 확실한 단절

> 그들이 자기 손에 있는 모든 이방 신상들과 자기 귀에 있는 귀고리들을 야곱에게 주는지라 야곱이 그것들을 세겜 근처 상수리나무 아래에 묻고(창 35:4).

야곱을 통해 선포된 하나님의 말씀에 듣는 이들은 전율했습니다. 평소 같으면 다들 코웃음을 쳤을 테지요. 그런데 지금 야곱의 말은 평소와 같지 않습니다. 한마디 한마디에

신적 권위가 있습니다. 가족들은 무거운 그 말씀을 받고 순종할 수밖에 없습니다. 회개를 명령하는 야곱 앞에서 가족들의 온전한 회개가 일어납니다. 그 특징이 확실한 단절과 번복 불가성입니다.

먼저, 회개의 확실한 단절에 대해 살펴보겠습니다. 그들은 자기 손에 있는 이방 신상들과 귀에 달고 있던 귀고리들을 내어 줍니다. 그 귀고리는 단순한 장식품이 아니라 신상이나 부적을 새긴 일종의 우상이었습니다. 사실 귀에 달 만한 우상은 '작은 것'입니다. 굳이 그런 것까지 제거해야 하나 할 정도로 사소합니다. 그런데 지금 야곱의 집안은 그렇게 작은 것까지 제거하고 있습니다. 우리가 회개하지만 잘 변하지 않는 이유 중 하나는 우리의 회개가 철저하지 못하고 두리뭉실하기 때문이 아닐까요? 성경에서 보는 회개는 모호하지 않습니다. 아주 작고 세세한 부분까지 찾아서 그것들을 삶 가운데서 제거하고 있습니다.

회개는 우리가 하나님을 만나러 가는 길입니다. 회개에는 확실한 단절이 따라야 합니다. 죄를 철저하게 끊지 못하고 질질 끌려다니며 묘한 안정감을 누리고 싶어하는 사람은 하나님을 온전히 만날 수 없습니다. 성경을 보면, 하나님을 만나 변화된 사람이나 공동체는 모두 '죄를 확실하게 끊어 내는 회개'의 과정을 거쳤습니다. 누가 시켜서 그런 게 아닙니다. 하나님을 만난 사람들, 하나님을 만나기를 원하는 사람들의 삶이 다 그렇습니다.

성도 여러분, 내 손에 들려 있는 작은 우상은 무엇입니까? 내 귀에 달려 있는 더 작은 우상은 무엇입니까? 무엇이 주님의 소리를 듣지 못하게 하며, 그 크신 은혜의 자리에 나아가지 못하게 하고, 그 크신 사랑을 향해 달려 나가지 못하게 하고 있습니까? 그것들을 떼어 내어 십자가 앞에 던질 수 있기를 주님의 이름으로 축원합니다.

철저한 회개 2: 번복 불가성

회개의 두 번째 특징은 번복 불가성입니다. 야곱은 손에 들고 있던 모든 우상들을 세겜 근처 상수리나무 아래에 묻습니다. 왜 하필 상수리나무 아래일까요? 왜 성경의 기자는 야곱이 우상을 어디에 묻는지 정확히 언급하는 것일까요? 원어 성경에는 상수리나무 앞에 정관사가 있습니다. "그 상수리나무 아래"라는 것입니다. 이 나무는 야곱 집안 사람이라면 모두 아는, 이전부터 유명한 한 나무를 가리킵니다. 이 나무는 아브라함이 가나안 땅에 들어왔을 때 언급한 이정표입니다.

> ⁵아브람이 그의 아내 사래와 조카 롯과 하란에서 모은 모든 소유와 얻은 사람들을 이끌고 가나안 땅으로 가려고 떠나서 마침내 가나안 땅에 들어갔더라 ⁶아브람이 그 땅을 지나 세겜 땅 모레 상수리나무에 이르니 그때에 가나안 사람이 그 땅에 거주하였더라(창 12:5-6).

아브라함이 하나님께 순종하여 하란을 떠나 가나안 땅에 들어갔을 때, 처음 머물러 제단을 쌓은 자리가 바로 상수리나무 아래입니다. 그것은 아브라함이 생애 최초로 쌓은 제단이었습니다. 아브라함의 가문은 이 나무가 얼마나 중요한지 다 알고 있습니다. 야곱은 바로 그 상수리나무 아래에 우상을 묻습니다. 나중에 혹시 필요한 일이 생기면 꺼내려고요? 아닙니다. 반대입니다. 그것은 어떤 경우에도 다시 우상을 섬기지 않겠다, 후손들도 절대 이 우상에 손대지 못하게 하겠다는 마음의 표현입니다. 그래서 할아버지가 세운 첫 예배당 아래에 자신들의 부끄러운 우상을 묻습니다. 이것은 단호하고 철저한 회개, "다시 돌아가지 않겠다"는 의지의 표현입니다.

사랑하는 성도 여러분, 하나님께 회개하기로 약속한 목록을 지금 꺼내십시오. 그 약속들 중에 지금은 다시 돌아가 있는 영역, 다시 죄짓고 있는 영역이 있지 않습니까? 그것을 어떻게 하기로 하나님과 약속하셨습니까? 다시 묻습니다. 지금도 그 결단을 유지하고 있습니까? 돌아가서 그 상수리나무 아래를 파면 절대 안 됩니다. 다시 우상 신상들을 꺼내 귀에 걸면 안 됩니다. 하나님께서 은혜를 주사 우리가 버린 것들을 다시 들어 귀에 거는 일이 없기를 축원합니다.

회개와 순종의 결과

야곱은 변화를 받았고, 그의 자녀들도 변화되었습니다. 구약 하나님의 교회 공동체가 회개하여 돌이킨 것입니다. 그들은 잠에서 깨어났고 진정한 회개가 일어났습니다. 철저하게 결단했습니다. 집안의 우상들을 땅에 묻어 버리고, 몸을 정결하게 하고 의복을 갈아입었습니다. 이것은 구약교회에 임한 '거룩한 부흥'이었습니다. 이제는 여전히 그들에게 복수하려는 기세등등한 가나안 족속들, 피의 보복자들이 기다리고 있습니다.

> ⁵ 그들이 떠났으나 하나님이 그 사면 고을들로 크게 두려워 하게 하셨으므로 야곱의 아들들을 추격하는 자가 없었더라 ⁶ 야곱과 그와 함께한 모든 사람이 가나안 땅 루스 곧 벧엘에 이르고 ⁷ 그가 거기서 제단을 쌓고 그곳을 엘벧엘이라 불렀으니 이는 그의 형의 낯을 피할 때에 하나님이 거기서 그에게 나타나셨음이더라 (창 35:5-7).

야곱과 그의 가족들은 적들의 공격에 취약한 상태에서 벧엘을 향해 떠납니다. 이동하고 있는 야곱의 집안이 공격을 당한다면 완전히 멸망했을 것입니다. 그런데 주변의 가나안 족속들이 야곱의 집안을 전혀 공격하지 않습니다. 하나님께서 그들에게 '큰 두려움'을 부으셨기 때문입니다. 하나님께서 이방 민족에게 당신이 이스라엘의 보호자임을 보이셨습니다.

우리 하나님은 단지 자기 백성들의 마음과 상황만 만지시는 분이 아닙니다. 하나님은 그분을 믿지 않는 자들 가운데도 일하시는 분입니다. 하나님께서 임하여 그분의 백성들이 영적 잠에서 깨어났습니다. 불순종의 아들들이 순종의 아들들이 되었습니다. 그들은 자신을 지켜 줄 것이라 믿었던 우상들을 다 땅에 묻어 버렸습니다. 이렇게 변화된 하나님의 백성들을 세상도 알아봤습니다. 그들이 보기에 야곱 집안은 얼마 전까지만 해도 별것 아니었는데, 이제 하나님과 함께하는 그들에게 뭔가 알 수 없는 신비가 있습니다. 함부로 건들 수 없는 빛이 있습니다. 본문에는 그것이 '두려움'으로 나타났습니다.

오늘날 많은 기독교 지도자들이 기독교가 세상의 탄압을 받지 않고 세상을 더 잘 섬기고 선한 영향력을 더 많이 끼치려면 세상에서 성공하고 더 높은 자리에 올라가야 한다고 가르칩니다. 그리스도인들이 부자가 되어야 그 부를 적절하게 나눠 줄 수 있으니 일단 부자가 되라고 말합니다. 학벌이 좋아야 세상의 높은 자리에 올라갈 수 있고, 그래야 세상에 선한 영향력을 극대화할 수 있다고 말합니다. 옳은 말일까요? 네, 그리스도를 주로 고백하는 공동체가 아니라 일반 공동체라면 그럴 수 있습니다. 그러나 교회는 그리스도를 주로 고백하는 신앙 공동체입니다. 교회는 그런 식으로 세상을 바꿔 본 역사가 없습니다.

히브리서 11장 38절은 "이런 사람은 세상이 감당하지 못하느니라"고 말합니다. 거대한 세상이 감당할 수 없는 사람들이 누구일까요? 세상에서 힘을 가졌기 때문에 이들을 세상이 감당하지 못한다는 것일까요? 아닙니다. 이들은 세상에서 찌꺼기 같은 사람들이었습니다. 이 구절에는 "그들이 광야와 산과 동굴과 토굴에 유리하였느니라"는 문장이 이어집니다. 그들은 고지를 점령한 사람들이 아니었습니다. 그럼에도 세상은 그들을 감당할 수 없었습니다. 결국 그들에 의해 세상이 뒤집어졌습니다. 이것은 세상의 역사가 보여 주는 바입니다.

부흥을 기다리는 사람들

야곱 집안에 부흥이 일어났고, 그로 인해 이 소수 사람들이 가나안 지역을 지나갈 때 주변의 모든 가나안 사람들이 두려움에 떨었습니다.

성도 여러분, 저는 우리 교회의 교인 수가 많아지기를 바랍니다. 더 바라는 것은 우리 성도들을 세상이 두려워하게 되는 것입니다. 우리의 깨끗함을 보고, 성실함을 보고, 진지함을 보고, 찬란함을 보고 두려워하기를 바랍니다. 우리가 하나님과 함께하기 때문에 누리는 영광스러운 변화를 세상이 보고 감탄하고 놀라워하는 일이 일어나기를 소원합니다.

결국 야곱의 공동체는 하나님께서 말씀하신 벧엘에 이

르렀고, 그곳에서 참된 예배를 드렸습니다. 그리고 그곳의 이름을 '엘벧엘', 벧엘의 하나님이라고 부릅니다. 벧엘에서 기다리고 계시는 하나님을 만났기 때문입니다. 야곱은 지난 30여 년간 그곳에서 기다리시고, 그곳으로 자신을 인도하신 하나님을 만났습니다. 그의 삶 속에서 끊임없이 일하시어 당신의 약속을 결국 성취하신 하나님을 벧엘에서 만났습니다. 그의 예배를 즐거워하시는 하나님을 만났습니다. 부흥의 결과는 하나님을 보는 것이고, 하나님을 아는 것이며, 지극히 높으신 하나님과의 사랑을 회복하는 것입니다.

성도 여러분, 일어나 벧엘로 올라갑시다. 지렁이 같은 야곱을 하나님을 사랑하여 예배하는 자, 즉 이스라엘로 바꾸신 하나님께서 사랑으로 초청하는 자리로 나아갑시다. 그곳에서 온전한 예배를 드립시다. 주께서 우리에게 얼굴을 보여 주실 것입니다. 우리도 변하고 가정도 변하고 주변 세상도 변할 것입니다. 주께서 우리를 부흥하게 하실 것입니다. 야곱의 인생을 섬세하게 다루며 이스라엘로 빚으신 주님의 손에 귀하디 귀한 우리 성도들을 올려드립니다. 주께서 행하실 일을 기대하며 그분을 찬양합니다. 할렐루야!

나눔과 적용

1. 야곱이 하나님의 명령에 순종했을 때 그에게 어떤 변화가 일어났습니까?(3-4절) 영적 권위를 인정받기 위해 우리가 먼저 해야 할 일은 무엇입니까?

2. 야곱의 집안은 철저하게 하나님의 명령에 순종하고 있습니다. 참된 회개의 특성이 어떻게 나타나고 있습니까?(4절)

3. 야곱과 그의 집안이 참으로 회개했을 때 무슨 일이 일어납니까?(5절) 야곱은 결국 벧엘로 올라가 그곳에 제단을 쌓고 그곳의 이름을 '엘벧엘'이라고 불렀습니다(6-7절). 야곱이 30년 전에 한 약속이 성취되는 장면입니다. 이 장면을 통해 우리는 어떤 진리를 확인할 수 있습니까?

4. 하나님은 한번 계획하신 일을 이루기까지 쉬지 않으시는 분입니다. 그분의 손에 빚어져 가는 인생을 우리는 성도라고 부릅니다. 우리를 당신이 기뻐하는 모습으로 빚어 가시는 하나님의 열심에 우리는 어떻게 반응해야 할지 나눠 보십시오.

함께 읽으면 좋은 책

『내 안의 야곱 DNA』 (김기현, 죠이북스)
야곱이라는 인물의 이중성을 가장 잘 풀어내는 책입니다. 야곱을 전형적인 성경 속 위인이 아니라, 하늘과 땅 사이 어디쯤에 자리하여 일상을 살아가는 대부분의 평범한 성도인 우리의 모습으로 읽을 수 있도록 도와줍니다. 야곱에 대한 새로운 이해를 통해 그를 보다 입체적인 인물로 보게 될 것입니다.

『내 이름은 야곱입니다』 (폴 스티븐스, 죠이북스)
폴 스티븐스가 40년간 야곱을 연구한 결과물입니다. 야곱을 통해 삶과 신앙이 어떻게 연결되는지를 설명합니다. 각 장에 등장하는 스토리와 일상의 주제를 탁월하게 연결하고 있습니다. 기독교 세계관이 개념에 머물지 않고 한 인생 속에 어떻게 적용될 수 있는지에 대한 저자의 평생의 고민이 녹아들어 있습니다.

『하나님의 열심』 (박영선, 무근검)
성경 인물을 단순히 도덕적 모범으로 보는 관점에 변화를 가져다줄 책입니다. 제가 야곱의 이야기를 끌어갈 때 '하나님의 성실'(열심)이라는 관점을 제공받은 책이기도 합니다. 아브라함에서 바울에 이르기까지 다양한 신앙 인물을 한 관점으로 설명하는데, 특히 야곱에 많은 지면을 할애하고 있습니다.

『회개를 사랑할 수 있을까?』 (이정규, 좋은씨앗)
야곱의 변화는 기본적으로 하나님의 신실하심에 기인합니다. 하나님께서 택하신 영혼을 포기하지 않고 끝까지 찾아오신다는 것이 가장 중요합니다. 그렇다고 인생에게 아무것도 요구하지 않으시는 것은 아닙니다. 야곱은 회개해야 했습니다. 야곱이 변화되는 또하나의 축인 '회개'의 의미를 가장 아름답게 풀어내는 책입니다.

『거룩한 부흥』(김남준, 생명의말씀사)
『끝까지 찾아오시는 하나님』 후반부의 핵심 개념은 이 책에서 도움을 받았습니다. 저자는 부흥과 관련해 거룩성을 강조하고, 그 근거를 창세기 야곱 이야기의 후반부에서 찾습니다. 야곱의 이야기가 전반부에선 주로 개인적 차원에서 전개되다가 뒤로 가면서 점점 확장되는데, 그 지점에 '부흥'이라는 주제가 있습니다. 성도 개인의 이야기가 결국 공동체의 이야기가 되고, 하나님의 백성이 회복된다는 측면에서 본문과 연결지으며 부흥에 대해 진지하게 설명합니다.